Libre
entre rejas

Leonardo Cabrera

PUBLICACIONES
CASA
A STRANG COMPANY

Libre entre rejas por Leonardo Cabrera
Publicado por Publicaciones Casa
Una compañía de Strang Communications
600 Rinehart Road
Lake Mary, Florida 32746
www.casacreacion.com

A menos que se indique lo contrario, todos los textos bíblicos han
sido tomados de la versión Reina-Valera, de la Santa Biblia, revisión
1960. Usado con permiso.

Editado por Lisa Rivera
Diseño interior por: Jeanne Logue

Library of Congress Control Number: 2007934682

ISBN: 978-1-59979-120-3

Impreso en los Estados Unidos de América

08 09 10 11 12 — 7 6 5 4 3 2 1

Libre entre rejas

Introducción

Usted también puede

*De cierto, de cierto te digo que el que no naciere
de nuevo, no puede ver el reino de Dios.*

—SAN JUAN 3:3

—Usted, joven, también puede estar aquí. Me sorprendí. Aquella mujer acababa de responder a la pregunta que mentalmente me había hecho, al escuchar la invitación de la pastora para el culto del día siguiente. Todavía no tengo una explicación exacta para lo acontecido aquel día de agosto de 1985. Mi esposa estaba ingresada, en espera de dar a luz a nuestro primogénito. Yo andaba un poco atribulado. De pronto, me descubrí parado en una ventana de la Iglesia Santa Pentecostés del pueblo. Se realizaba un culto animoso y, para mis adentros, rogaba a Jesucristo — del cual había oído hablar mucho, pero conocía poco — por la salud de la embarazada y de la criatura que estaba por nacer. Yo era entonces un hombre mundano.

En aquellas esferas, se me conocía por mi afinidad de vestir extravagante, al estilo hippie: el pelo largo y el gusto por la música rock. Tenía muchos amigos en el ambiente, y era casi un líder de la juventud local que despertaba a las atracciones de la vida desordenada. Pero, ese día, me había sentido atraído por la celebración. Cuando la pastora Madai Justis dijo al final del culto: "Todos pueden venir mañana, incluso los que están parados allá afuera", me pregunté si, con mi facha, sería admitido, entre aquellas personas vestidas correctamente y bien educadas. Fue entonces cuando Altagracia, una de las fieles de la iglesia, se dirigió a mí y me dijo: "Joven, usted también puede". A la luz de los años, comprendo que ese fue el mensaje enviado por el Espíritu Santo, para hacerme andar los primeros pasos en el camino de la fe cristiana.

Al día siguiente, estuve puntual a la hora de inicio del culto, con ropa adecuada. Cuando éste tocó su final, la pastora hizo una invitación, por si alguno de los no convertidos deseaba en aquel momento, entregar su corazón a Cristo. Levanté una mano, y me hicieron pasar al frente. Todos comenzaron a orar por mi salvación, y yo hice la oración de arrepentimiento. De ahí, salí corriendo para darle la noticia a mi madre, pero cuando se lo dije, me miró como diciendo: "¿Qué nueva locura trae este entre manos?". Cuando Zoe, mi esposa, lo supo, se alegró mucho. En realidad, ella y mi primo Elio me habían hablado un poco de esto, pero no habían logrado, al parecer, influir en mí mucho. Ahora analizo que, tal vez, sus prédicas, aparentemente no escuchadas por mí, fueron las que me condujeron, aquel día de desasosiego, a la ventana de la iglesia.

Zoe, cuando niña, vivía en la vecindad del templo, y había conocido al Señor allí. Sin embargo, sus padres le habían prohibido volver porque, en aquellos años, la oficialidad ordenaba que profesar alguna fe religiosa era como un acto de oposición. Incluso, habían sido amenazados que, si la pequeña continuaba frecuentemente por aquella iglesia, podrían perder el derecho de asistir a la escuela.

No obstante, ella no perdió la fe, y cuando nos unimos en matrimonio, me regaló un Nuevo Testamento de bolsillo para que lo trajera siempre conmigo, pues yo, por lo general, andaba fuera de casa, por los caminos.

Mi entrada en la iglesia significó una afluencia de jóvenes del pueblo a la misma. La influencia que ejercía sobre ellos les despertó la curiosidad, al ver en mí una faceta en la que nunca antes me había manifestado. Con el pasar del tiempo, muchos lograron entrar en la verdadera senda; otros, la abandonaron, pero, por esa época, provocó una alarma en las autoridades locales. Incluso, en mi vecindad llegaron a calificarme como "amenaza para la integridad y la correcta formación de los miembros jóvenes de las familias". Quizá esa reacción de los vecinos fue la génesis de los futuros conflictos con las autoridades o, tal vez, éstas azuzaron contra mí a quienes vivían en los alrededores de mi casa.

Lo cierto es que, poco después de mi conversión al cristianismo, comencé a sufrir los dolores de la persecución, pero, incluso en esos momentos, yo veía ya la gracia del Señor, derramada sobre mí.

Mi primera petición a Jesucristo fue por el buen parto de mi esposa y, por consiguiente, el buen nacimiento de mi hijo. El Altísimo me concedió su bendición. A pesar de lo dificultoso que representó la venida del niño al mundo — por su tamaño y peso — no presentó problemas que repercutieran negativamente en su salud, ni en la de su madre. ¡Aleluya! La felicidad se establecía con verdadera raíces en mi hogar. También pedí al Señor por mi hermano Paco, quien ha atravesado, con paso firme, los senderos de la Verdad. Él llevaba alrededor de tres años con una seria enfermedad cutánea, que le había comenzado por los pies, y se le había propagado por todo el cuerpo, incluyendo la cara. Por esta razón, había sido desmovilizado del servicio militar, y los médicos le decían que su caso no tenía solución, que el resto de su vida tendría que cargar con su dolencia. En su desespero por curarse, había hecho promesas a San Lázaro y otros santos. Uno de estos compromisos consistía en andar vestido con ropas confeccionadas con sacos de yute.

Cuando me convertí al cristianismo, le dije: "Conviértete tú también, y verás como encuentras cura para tu enfermedad". Su respuesta fue conservadora: primero observaría por un tiempo mi actitud, y luego decidiría. Cuando finalmente optó por Cristo, al principio, empeoró de su mal. Pero, sin duda, era para la gloria de Dios, porque luego se sanó definitivamente. Para esa fecha, mi mamá también buscó la salvación al servicio de curanderos. Sin embargo, la evidencia que tuvo, a través de mi hermano, fue contundente y definitiva.

A finales de 1986, al parecer, la seguridad del Estado ya se había convencido de que mi conversión a la fe cristiana no era una moda más de las tantas que, con anterioridad, había tomado y abandonado sin mayores esfuerzos. Me habían seguido los pasos y trataban de inculparme.

En Cuba, todavía estaba prohibido cualquier trabajo por cuenta propia. De esa forma, la fabricación y venta de barras de maní que yo tenía, para la subsistencia de mi familia, estaba en la ilegalidad. Así, un día de diciembre, al llegar a mi casa, me encontré a Zoe muy nerviosa. La policía y representantes de la seguridad del Estado habían efectuado una minuciosa requisa. Ella me dijo que, cuando revisaban los pocos libros cristianos que yo tenía — porque ni siquiera una Biblia poseía entonces — decían: "No, estos no son...". Evidentemente, buscaban algún documento o prueba que justificara una supuesta labor proselitista mía. Quizá intentaban acusarme de pertenecer a alguna secta de Testigos de Jehová, muy asediados en esos años. Lo cierto es que tuvieron que conformarse con llevarse solamente las barras de maní que guardaba ese día.

Cuando fui a la unidad de policía del pueblo, el jefe me dijo que, en verdad, el no sabía lo que buscaban los agentes venidos de Bayamo, y me citó para tres días después, cuando aquellos regresarían. Poco antes de concurrir a esa cita, Silvio Estévez, el actual pastor de mi iglesia (entonces presidente de la juventud Pentecostés de la localidad), me recomendó tener presente el libro de San Marcos 13:11: "Pero cuando os trajeren para entregaros, no os preocupéis por lo que habéis de decir, ni lo penséis, si no lo que os fuere dado en aquella hora, eso hablad; porque no sois vosotros los que habláis, sino el Espíritu Santo".

Lo primero que me preguntaron los oficiales fue la razón o el uso de aquellas barras de maní. Expliqué que una parte era para vender, y otra para una actividad que tendría el día del nacimiento del niño Jesús, en la iglesia. Entonces, me informaron que me decomisarían todo el producto, a lo que pedí que me dejaran algunas barras. Nunca olvidaré que eran exactamente 48, y que regresé a mi casa con la totalidad de ellas porque, al no tener dónde echar algunas, me autorizaron que las tomara todas. ¡Alabado sea el Señor! ¡Estaba ahí, conmigo! A continuación, me dijeron que no me procesarían penalmente, pero que tendría que ausentarme del pueblo, por lo menos, un año. De lo contrario, me aplicarían una sanción por peligrosidad, que podría privarme de libertad hasta cuatro años. De esa forma, me desterraban.

El mes que medió entre esa entrevista y mi partida hacia la capital del país, fue de completo hostigamiento. Mi padre fue expulsado de su trabajo como custodio de un carro de explosivos porque, al presentarle la alternativa de escoger entre su casa o su puesto laboral, prefirió mi protección. A esa altura, el Reverendo Ezequiel Castillo, Presidente Nacional de la Iglesia Santa Pentecostés, había tomado partido en el caso a nuestro favor, pero no logró resultados positivos.

No obstante, nos dijo con mucha sabiduría: "No se preocupen. En los caminos de Dios, toda obra es para bien", y así fue. Poco tiempo después, mi padre encontró trabajo en un almacén, donde estuvo hasta su jubilación, y yo, en la habanera localidad de Artemisa. También fui empleado en un almacén de empresa constructora. Allí, prediqué entre los jóvenes, que eran muchos; pero al pasar los meses, fui despedido. Me negué a pagar el sueldo correspondiente a un día laboral para solventar los gastos de las milicias de Tropas Territoriales, algo a lo que están obligados todos los trabajadores cubanos. Me acusaron de religioso, contrarrevolucionario. Yo les respondí con el mandamiento de Dios, que dice: "No matarás", correspondiente al libro de Éxodo 20:13.

De regreso a mi pueblo natal, conseguí un puesto como vendedor de granizado, en un carrito que restauré casi por completo. Ahí, estuve por espacio de cuatro años más o menos. El Todopoderoso me bendecía económicamente, pero, en ese lugar, tuve que cohibirme de pronunciar el nombre de Jesucristo, pues me lo habían prohibido.

Cuando inició la crisis económica cubana, al quedar la isla sin el sustento que la extinta Unión Soviética le brindaba, quedé nuevamente desempleado. Para esa fecha, ni siquiera hielo había para los granizados, y ni hablar de las mieles utilizadas como saborizantes.

Un tiempo antes de todo esto, al año siguiente de mi conversión, me encontraba participando en un encuentro de iglesias con sede en la Santa Pentecostés de Bayamo. El recinto estaba repleto de fieles. Las manifestaciones del Espíritu Santo se sucedían constantemente. El predicador era Ramiro Expósito, entonces pastor de la Iglesia del Campamento de Monte Oscuro, por la vuelta de Palma Soriano, quien había realizado un ayuno prolongado, recibiendo un mensaje de Dios, para después transmitirlo a su pueblo. Yo, tímido, trataba de ocultarme tras una columna, o entre personas, para no ser visto por el mensajero del Señor. Sentía temor de que se dirigiera a mí, delante de tantos convertidos, con mucho más afianzamiento en la fe que yo. Pero, de pronto, mirándome de frente y llamándome, me dijo: "Joven, el Señor tiene un plan especial para usted. No lo resista más".

Por supuesto, mi poca experiencia de entonces me hizo no tomar muy en serio el mensaje. Sin embargo, en diciembre de 1993, cuando ya había sufrido los tres primeros meses de cárcel, recibí otro mensaje similar al anterior. Celebrábamos las navidades en la Iglesia Pentecostal Asamblea de Dios que, para esa fecha, tenía como local de reuniones y cultos la casa de dos miembros de ella. Predicaba el pastor de la Iglesia Primitiva de Cristo, de un pueblo de campo también de las cercanías de Palma Soriano quien, dirigiéndose a Zoe y a mí, lleno del Espíritu Santo, nos dijo: "Ustedes, jóvenes, no sé quiénes son; no sé si han sido convertidos, no sé si pertenecen a la congregación, pero el Señor me ha dicho que los dos serán columnas de su Iglesia".

uno

Ten fe en Cristo

Y después de esto derramaré mi Espíritu sobre toda carne; y profetizarán vuestros hijos y vuestras hijas; vuestros ancianos soñarán sueños, y vuestros jóvenes verán visiones.

—JOEL 2:28

—Zoe, pronto iré a la cárcel...

—¿Estás dormido? ¿Qué dices?

—No, no estoy dormido, y te digo que acabo de hacer un viaje a una prisión...

Y era cierto. Aunque la noche reinaba en plena madrugada, estaba despierto. Acababa de visitar — no sé si en sueño o en una visión — una nave de alrededor de 30 metros de largo, con hileras de camas a ambos costados y en el centro. La recorrí como reconociéndola, mirando los rostros famélicos, tristes y adoloridos de los hombres que la habitaban, tirados en el piso. Al abrir los ojos, tuve la certeza que, en poco tiempo, iría allí. Era agosto de 1993, y esta era la confirmación de otros avisos que nuestro Señor Jesucristo me estaba dando, desde hacía algo más de un mes. Como José, hijo de Jacob, mis sueños me indicaban que lo que me ocurriría no sería algo fortuito. Así se me anunciaban los planes de Dios para conmigo.

Poco antes, una tarde en que andaba algo atribulado sin conocer el motivo específico de ello, fui a la casa de mi madre y tomé la Santa Biblia, con la intención de realizar alguna lectura que me aliviara o reconfortara. ¡Cuál sería mi sorpresa cuando, al abrir al azar el volumen, apareció el libro santo de Job! Rápido, lo cerré, no sin cierta perturbación. Sin embargo, al repetir el acto, ante mis ojos, aparecieron nuevamente las escrituras con las vicisitudes del siervo de Dios que aún, en los momentos de cruentos azotes en manos de Satanás, no perdió la fe en el Supremo Creador. En otro sueño o visión anterior, me había transportado a una celda, en este caso, de la instrucción judicial. En esta ensoñación, yo ayunaba, y veía cómo las paredes que me encerraban se abrían en grietas y dejaban escapar, en estampida, una manada de reses. La exacta dimensión de esta señal la comprendí posteriormente, cuando fui conducido a ese lugar.

Por esos días, otro signo me llegó; esta vez fue en forma de himno, que es una exhortación al crecimiento de la fe y a la perseverancia, en los caminos de la Verdad... Incomprensiblemente, porque en mi casa se han preservado mucho los libros (sobre todo los de temas cristianos), apareció una hoja suelta perteneciente a un himnario que contenía el canto titulado "Firmes y adelante", cuyos primeros versos dicen: "Firmes y adelante, huestes de la fe, sin temor alguno, que Jesús nos ve".

Las señales estaban dadas. Fue el primer día de septiembre, del mismo año, cuando comenzó lo que considero un precioso y largo sufrimiento en Cristo. Precioso, porque todo en nuestro Señor es bello; y largo, porque cuatro años en prisión conllevan a pruebas y tribulaciones que sólo la fe en Dios permite soportar y triunfar sobre ellas. Era el 7 de agosto, día del nacimiento de Adan, el tercero y más pequeño de mis hijos. Mientras Zoe atendía al recién nacido, yo cumplía con mi obligación de padre: llevaba a los dos mayores a la escuela, ya que comenzaba, también, el curso escolar.

Al regresar a casa, encontré una citación para presentarme, esa misma jornada, en la instrucción judicial en Bayamo, ciudad que dista más de 30 kilómetros de mi pueblo. Ya era un poco tarde, y no había transporte, pues la crítica situación del país había reducido notablemente las posibilidades de viajar. Por eso, decidí presentarme, al día siguiente.

Serían las siete de la noche cuando, a mi hogar, llegaron tres policías. Recordé, en ese momento, que también en sueños había asistido al suceso que entonces enfrenté. Tal y como estaba previsto por nuestro Señor, les invité a pasar y a sentarse en mi mesa a comer. Declinaron la invitación y, en cambio, procedieron a un minucioso registro, que concluyó cerca de las nueve. En ese intervalo de tiempo, llegaron mis hermanos en Cristo, Lino José Molina Basalto y Jorge Rodríguez Leyva, quienes, sin saberlo todavía, habían sido escogidos igualmente por el Altísimo, para sufrir pruebas parecidas a las mías. Ellos, en sus respectivos hogares, no lejos del mío, se enteraron de la requisa que me realizaban y fueron a brindarme su apoyo. Mientras mi esposa sostenía en sus brazos a Adan, uno de ellos cargaba a Allem, el primogénito y otro a Grecia, la hembra. Su presencia, en ese momento, me sirvió de mucho.

A esa hora, me declararon detenido, y me condujeron al calabozo municipal en Jiguaní. Era una noche lluviosa, por ende, más oscura. Atrás quedó mi familia en franco estado depresivo. Me trasladaban en una moto con asiento de pasajero. Como el aguacero arreciaba, pedí que me prestaran una lona para cubrirme. Arrebujando, oraba y pedía a Jesucristo la protección para los míos y para mí. De pronto, vi un rostro de hombre que lloraba. En ese instante, pensé que se trataba de nuestro Señor, que dejaba correr sus lágrimas por mi suerte. ¿O acaso se trataba de Satanás que, en su frustración derramaba llanto, porque perdía un alma a la cual humillar con sus malignos designios? Bien podría ser el último pues, los ocho años que entonces llevaba practicando el cristianismo, no habían significado un gran crecimiento en la fe. Fue precisamente el año de 1993 un momento decisivo para mi verdadera compresión de los senderos de Jesús. Por eso, considero que realmente fui salvo a partir de esta fecha y de los sucesos acontecidos.

Fui encerrado en la policía municipal junto con otras tres personas, dos de ellas cristianas. Uno era un católico camagüeyano que había ido descalzo desde su ciudad hasta el santuario del Cobre, en Santiago de Cuba, a pagar una promesa y, a su regreso, lo habían detenido por comprobar quién era. Otro joven evangelista que estaba predicando, por la comunidad de Cautillo Merendero cuando, falsamente, fue acusado de hurto por parte de una familia del sitio. Luego, supe que ambos habían sido puestos en libertad, al comprobar sus respectivas inocencias. Cuando eso ocurrió, ya yo me encontraba en el lugar al que Dios me envió para cumplir con su ministerio.

Todavía, en el calabozo jiguanicero, no sabía de qué se me acusaba. Al ver cómo me trataban los guardianes, pensaba, para mis adentros, que algo muy serio se me atribuía. Una noche, dentro de este lugar, tuve otro sueño premonitorio. Iba por un prado, y hacia mí venía corriendo una mujer con la que alguna vez estuve en pecado de fornicación. De pronto, se me apareció una serpiente que, a toda velocidad, se me acercaba con evidente intención de agredirme. Asustado, corrí a refugiarme debajo de una piedra en forma de solapa, como las que abundan por las orillas del río de mi pueblo. Al no poder darme alcance y, al parecer, muy enfurecida, la serpiente me bañó con un chorro de excremento. Hondamente impresionado, desperté, y concluí que este era tan sólo el inicio. Todavía no sabía, a ciencia cierta, lo que me esperaba. No obstante, tenía la certeza que una prueba muy dura estaba llegándome. "El

Espíritu Santo por todas las ciudades me da testimonio, diciendo que me esperan prisiones y tribulaciones" (Hechos 20:23).

En el juicio municipal al que fui sometido, me sancionaron a tres meses de privación de libertad, por pertenencia de café en granos, delito muy común perseguido en Cuba. En realidad, cuando mi casa fue registrada, yo poseía una pequeña cantidad, pero los policías declararon que se trataba de cinco libras. Al solicitar apelación al tribunal, fui trasladado a la instrucción judicial en Bayamo, a partir de ese momento, como prisionero de seguridad del Estado.

Solitario en la nueva celda, me acosté en la cama más alta de las tres, empotradas en la pared. De frente al muro, oraba y meditaba sobre la muerte; en lo triste que debería ser para un alma partir sin Cristo, pues sólo Él nos puede guiar en el más allá. También, abrumado por la soledad, pensaba en esa condición a la que me encontraba reducido y me dirigía a Dios, quien es el único que nos puede ayudar en situaciones tan difíciles. No obstante, todavía el orgullo propio de los hombres que no han asimilado bien el cristianismo, me acercaba. De repente, vi aparecer delante de mí, la palabra "ten". No había salido de mi sorpresa, porque estaba casi seguro que, al llegar a la celda, no estaba. Divisé igualmente, en color rojo, otras letras que conformaban el vocablo "fe". ¿Qué está ocurriendo? Mis ojos, después de un rato en la oscuridad, ya se habían adaptado. No era posible que, estando con mi mirada hacia el muro, no hubiese descubierto aquello anteriormente. Me dio la impresión de que algo grande acontecería en ese momento. No había acabado de pasar ese pensamiento por mi cabeza, cuando apareció el nombre de nuestro Señor. Se compuso la frase completa: "Ten fe en Cristo".

¡Gloria a Dios! Todo cambió de pronto. Mi orgullo se deshizo, en un instante, y un mar de lágrimas corrió por mis mejillas. Era inevitable; sentía la transformación en mí. Perdí la noción del tiempo; no sé cuántos minutos pasaron mientras estaba sumido en ese estado. Sólo sé que, al final, de mi garganta sólo salían loas, alabanzas e himnos a nuestro Señor Jesucristo: había recibido una unción. ¡Alabado sea el Creador del Universo! En esa misma hora, declaré un ayuno que mantuve por seis días. En la madrugada del séptimo, cuando creía que las fuerzas no me alcanzaban para más, viví una experiencia que renovó mis ánimos.

Sin energías, cuando intentaba llegar a la puerta de la celda, caí. Desconozco el camino recorrido por las agujas del reloj en el intervalo que demoró mi vuelta a la conciencia; lo único que puedo asegurar es que, cuando recobré el dominio de mis sentidos, estaba prácticamente pegado al piso, con una sustancia viscosa que había expulsado en forma de vómito. Después, me levanté como nuevo, decidido a continuar el ayuno por varios días más. La visión que en sueños había tenido, cuando aún estaba libre, acababa de cumplirse: las reses demoníacas que habitaban en mí huyeron despavoridas, al romperse las tapias que me impedían la clara visión del camino que el Padre había escogido para mí, su siervo. Esa misma mañana, fui trasladado para la prisión vieja de Las Mangas, donde decidí concluir el ayuno. Sin embargo, no hice más que llegar a esta madriguera, para comprobar la efectiva realización del sueño que me dio la certeza de que sufriría de una privación de libertad. Al penetrar en la nave a la cual fui destinado, rápidamente supe que era la misma visitada en sueños aquella noche. Igual extensión, iguales hileras de camas, los mismos hombres tirados en el piso con sus semblantes que traslucían la lejanía en la que se encontraban de los senderos del Señor: idéntico ambiente, opresivo y enajenador.

Pero no eran estas las primeras veces que Jesucristo escogía los sueños y visiones para hacerme partícipe de sus planes. Precisamente, cuando me acerqué a Él en la década del 80, fui influenciado también por las evidencias recibidas mientras dormía. Recuerdo una, decisiva en conversión, en que un toro negro y muy agresivo me perseguía. Yo, temeroso, trepé un árbol y, estando en la copa sin poder descender por la amenaza de mi perseguidor, escuché una música muy bella perteneciente, sin dudas, a algún himno cristiano. Ese fue como el escudo que me salvó, y me permitió escapar ileso. El animal no pudo acercarse a mí, y yo pude pasar a través de una puerta abierta en una pared, oculta por la espesa arboleda, desde donde mi padre y mi hermana me hacían señas para que me acercara.

Mi estancia en la prisión vieja de Las Mangas fue solamente de tres días; al cabo de esas pocas jornadas, volvieron a trasladarme. Fui llevado a una granja, donde el rigor penitenciario era menor. Allí, me esperaban otras tribulaciones que, en su momento climático, me pusieron al borde del abismo. Sólo la fe en mi Señor Jesucristo me sostuvo, erguido y salvo.

dos

Navidades en libertad

Saca mi alma de la cárcel, para que alabe tu nombre.
—SALMO 142:7

octubre de 1993

Querido amor:
Deseo que, cuando leas esta breve carta, te encuentres bien, y que la paz del Señor esté contigo. Aprovecho el paso de este hermano que pronto te verá, para enviarte esta nota y contarte de la situación tan difícil que tengo. Leo, estoy pasando mucho trabajo con la alimentación, tanto de los muchachos como la mía. Tengo que cocinar con leña, porque no sé qué tiempo hace que no traen el queroseno. Me haces tanta falta en la casa... sobre todo, porque se me ha planteado una disyuntiva de la cual no imagino como saldré. Sucede que, a pesar de mi juventud, por mi condición de madre de tres niños con un esposo en prisión, me propusieron ligarme, a través de unas amistades. En verdad, no sé qué haré; tengo turno en Bayamo para practicarme la operación el próximo lunes. Ora mucho por mí y por nuestros hijos, para que todo sea para bien. Yo todos los días le ruego al Señor por ti y por nuestra familia, que tan dura prueba estamos pasando. Los niños te mandan muchos besos, incluso Adan. ¡Que Dios te bendiga y te proteja siempre!
Tuya, te quiere,
Zoe

Llevaba cerca de un mes en la granja porcina de Pedregales, distante de Bayamo por más de 15 kilómetros, cuando recibí esta carta de mi esposa. Un profundo dolor me invadió. Además de la tristeza y el malestar en que estaba sumida mi familia, se sumaba otra maquinación de Satanás: llevarla a una intervención quirúrgica que la esterilizaría. Ella, en su estado de desesperación, no podía calibrar la envergadura del pecado que otros le inducían a cometer. Por mi parte, solamente veía la solución en una visita a mi hogar, antes de la fecha señalada para la operación, que me permitiera una conversación detenida y reflexiva sobre el problema. Tenía que evitar, a toda costa, que se cumpliera el propósito maligno. Impelido por la tormenta que deshacía mi cabeza, conversé con el militar encargado de atenderme para que me concediera un breve pase. Su respuesta fue alentadora, pues consideraba que, por mi correcta conducta, no habría negativa por parte de las autoridades superiores, las que podrían decidir en definitiva; pero no me dieron la autorización. Sin embargo, ya, en ese momento, nuestro Señor me había dado una evidente señal de que Él podría ayudarme. Y todas mis fuerzas se dirigían a pedirle, en oración, que salvara a mi esposa del pecado y a mi familia del naufragio.

Para esa fecha, me tenían trabajando en el corte de marabú, planta invasora que pulula en los campos cubanos e impide el cultivo de la tierra. Yo tenía un trato con los demás presos que estaban laborando conmigo: cada mañana, al llegar al sitio donde nos correspondía trabajar, me apartaba durante la primera hora a orar por todos, y ellos cubrían mi puesto. El día en que mi esposa debía ser sometida a la esterilización, llegamos como siempre, muy temprano, al lugar de trabajo. Me aparté convenientemente de los demás, y me arrodillé a pedirle con toda mi fe a nuestro Señor Jesucristo, que impidiera que Satanás se saliera con la suya. En ese momento, Zoe ya se dirigía hacia el hospital. Yo sentía que el Todopoderoso me decía: "No te preocupes, mi siervo, todo está en mis manos". ¡Alabado sea el Creador!

Cuando me reuní con mis compañeros, tenía la certeza que el maligno había sido derrotado. Pocos días después, me correspondía la visita. Zoe llegó muy preocupada, pensando que el sufrimiento me ahogaba. Sin embargo, yo la recibí con una amplia sonrisa.

—¿De qué te ríes? — me preguntó ella extrañada.

—Me río, porque sé que no te hiciste la operación... Recuerda que nuestra meta es de cinco niños...

—¿Y quién te lo dijo?

—Nuestro Señor Jesucristo.

Entonces me relató que, aquella mañana, cuando se dirigía al hospital con el hondo pesar que le producía ese acto, sintió una fuerza inmensa, superior, que le impidió continuar caminando y cruzar el umbral de la institución médica. Tuvo que retroceder e, inmediatamente, desistió de ir al salón de operaciones. ¡Gloria a Dios, que una vez más salvó varias almas en peligro, y tuvo en cuenta la integridad de mi familia!

Pero esta no fue la única muestra de la protección que el Altísimo me ofreció en aquel sitio. Él sólo me preparaba para momentos más difíciles, y no ocultaba su presencia detrás de cada acción que yo ejecutaba o asistía.

Antes de ser destinado a la corte de marabú, gracias al par de botas que un hermano caritativo me regaló, estaba destacado en una zona pantanosa donde cundía la infección. Allí, desde las seis menos diez de la mañana, teníamos que dedicarnos a cortar ova, que es una planta acuática utilizada en confecciones artesanales, la cual se puso de moda en Cuba, con el periodo especial. Como esa labor había que realizarla con los pies sumergidos en el agua contaminada, era frecuente que los hongos abrieran brechas en esas partes del cuero. Los presos no duraban en esa labor más de tres días. Sin embargo, yo estuve diez días, y la enfermedad no me afectó. Gracias a mi fe en el Señor, no tuve que sufrir lo que otros, quienes tuvieron que enfrentar la falta de medicamentos.

Con la cercanía de la Navidad ese año, mi mayor anhelo era celebrar esa fecha junto con mi familia y mis hermanos en Cristo, en la iglesia. Por eso, en todas mis oraciones, rogaba al Omnipotente por ellos. ¿Qué no puede el Creador? El primero de diciembre, trabajaba en una nave de recría de cerdos cuando me llegó la libertad. ¡Alabado sea Jesucristo! Aunque todavía no lo sabía, entonces ya se me había levantando una causa de rebelión. Con ese cargo, era muy difícil salir libre en Cuba. Sin duda, mis diarias invocaciones y mis lecturas de los salmos 140, 141, 142 y 143, reafirmaron al Supremo mi infinita confianza en Él, y así me recompensó.

Ese 25 de diciembre nunca será olvidado por mí. Como es tradicional en la iglesia, festejamos el nacimiento del niño Jesús. En la presentación que escenificamos el trascendente acontecimiento, asumí el personaje del ángel Gabriel. Me parece que nunca antes había sentido, tan dentro de mí, al Unigénito de Dios. Ser el anunciador de su venida a la tierra, en aquel montaje teatral, hizo más grande mi fe en Él: fe que permitió crecerme ante el provenir de duras pruebas. Sin embargo, mi alegría no era completa. Mientras yo vivía este paréntesis, fuera de las rejas, mis hermanos en Cristo, Lino y Jorge, acusados también de rebelión, cumplían prisión preventiva en la cárcel nueva de Las Mangas. Ellos habían sido encartados después de mí, y esperaban la celebración del juicio de lo que sería la Causa número 4/94, en lo que estuvieron implicados, a privación de libertad, cuatro: nosotros tres y Ramiro, hermano de Jorge, de sangre y en Cristo. En ese intervalo de tiempo, y a contrapelo de los consejos de muchos, cada vez que podía, iba a la visita en la cárcel a darles aliento a mis amigos, a insuflarle confianza en el Señor. De la misma forma, trataba de apoyar a sus familiares, para que la ausencia de los hijos fuera menos pesarosa.

El 6 de febrero de 1994 me llegó a la casa la notificación del Departamento de la seguridad del Estado, del Tribunal Provincial Popular de Santiago de Cuba, en la que se me hacía saber la petición de 10 años de privación de libertad, por la causa ya referida. Pero entonces, ya tenía conocimiento de que se haría la solicitud de ese tiempo, porque igual cantidad le sentenciaban a Lino y a Jorge, y ellos me lo habían hecho saber, desde la cárcel. Así, de cierta forma, estaba preparado; comprendía que, de esa manera, se iba cumpliendo la voluntad de nuestro Señor, manifestada a través de los predicadores cristianos, los sueños y las visiones.

Recuerdo, claramente, la mañana en que un capitán de la seguridad fue a llevarme la notificación. Estaba yo sentado en un sillón de la sala, casi de frente a la puerta principal de la casa, dándole un biberón de leche a Adan quien, al día siguiente, cumpliría los seis meses de nacido. Zoe, en la cocina, preparaba el almuerzo. Sin inmutarme, tomé el papel, lo puse a un lado y continué en mi actividad. El agente, que por cierto pertenece a mi parentela, al ver mi actitud, retrocedió tres veces, después de haber salido de mi hogar igual cantidad de veces para comprobar si yo había leído el documento. La última de esas vueltas, ya no pudo contenerse más:

—¿No has leído eso todavía? — me preguntó, con una mezcla de asombro e irritación.

—No— respondí con seguridad.

—¡Son 10 años lo que te piden! — replicó.

—No me importa — le dije — como si fuesen 20. Igual, yo me iría con gusto a la prisión a predicar el Evangelio.

—Eso es muy bonito y todo argumentó ahora — con cierta burla — pero Dios no puede hacer nada por ti. Y cuando estés allí, no podrá sacarte.

Él no sabía que yo estaba preparado para lo que viniera. Quienes desconocen los caminos de Jesús no pueden entender muchas cosas propias de los que recibimos los fulgores de la Verdad. Todo el tiempo que duró ese intercambio, Zoe se mantuvo de frente al fogón y de espaldas a nosotros. Ella escuchaba todo, y las lágrimas le corrían por la cara, pero hasta tanto no se marchó el funcionario del Ministerio del Interior, no manifestó el dolor que la desgarraba.

Tanto a mí, como a mis hermanos encarcelados y a Ramiro, se nos acusaba de promover una guerrilla, para desestabilizar o derrocar al gobierno. Se decía que, bajo la bandera del cristianismo, organizábamos las acciones. En el pueblo, se rumoraba mucho al respecto; las calumnias llegaron a testimoniar que éramos falsos cristianos que, junto con dos norteamericanos, pretendíamos fundar una secta. También se comentaba que teníamos, en nuestro poder, equipos de radio de transmisión, para enviar informaciones hacia los Estados Unidos. Era tal el nubarrón creado a nuestro alrededor, que algunos familiares y amigos dudaron de nosotros. Incluso, recuerdo una noche en que, muy consternada, Zoe me preguntó que quién era yo en verdad, que si todo lo que se decía por ahí era cierto.

No obstante, hasta la fecha del juicio, el 14 de marzo, me mantuve trabajando con el pastor de mi iglesia en la predicación del Evangelio. El Señor me fortalecía cada minuto; desde diciembre, no parábamos en nuestra labor. Muchos poblados aledaños conocieron de las buenas nuevas de Dios, a través de nuestras voces. Los caminos, por largos, por empinados, por accidentados, por oscuros, se volvían verdes y praderas llenas de luz para nosotros, que andábamos con el pecho rebosante del Amor Divino. "¡Cuán hermosos son sobre los montes, los pies del que trae alegres nuevas, del que anuncia la paz, del que trae nuevas del bien, del que pública salvación!" (Isaías 52:7).

Yo veía la mano de Jesucristo por todos lados. Sabía que me entrenaba para un nuevo y fuerte ministerio dentro de una prisión de máximo rigor. Tenía la conciencia de que me esperaban días de intensos sufrimientos, pero también sabía que la satisfacción de salvar almas, al inducirlas por los senderos del Altísimo, sería mayor.

Por ese tiempo, según recuerdo, una noche llegamos a una casa donde se practicaba un culto de avivamiento. Antes de dormir, cada día, suelo orar en voz alta, y para mis hijos es algo imprescindible, antes de entregarse al sueño. Esa vez, cuando comencé a decir la oración, escuchamos, Zoe y yo, un coro afinadísimo que nos acompañaba. La primera reacción que tuvimos fue buscar el origen de tan magnífica interpretación. Luego, comprendimos que se trataba de un coro de ángeles. Fue una experiencia maravillosa que me fortaleció mucho, y, que esa noche, me permitió experimentar toda la paz con que el Señor bendice a sus fieles.

En otra ocasión, varios miembros de la iglesia, entre los que se encontraban muchos niños, fuimos a la Sierra. Como teníamos que regresar, ya de noche, entre cafetales y por caminos a veces muy escabrosos, llevamos con nosotros una lámpara china para alumbrarnos al regreso. Al concluir el culto, cerca de las diez, notamos que habíamos perdido el recipiente donde llevábamos el combustible y que quedaba poca reserva en el tanquecito de la lámpara. No obstante, sin otra opción, decidimos emprender el regreso. No habíamos andado más de tres kilómetros, de los diez que nos separaban de nuestro pueblo, cuando la llama de la lámpara comenzó a dar muestras de decadencia. Ya casi no podíamos avanzar por la oscuridad, y las dificultades del camino, multiplicadas por la cantidad de infantes, lo hacía peor. Cuando era inminente que se apagaría la lámpara, el pastor nos dijo: "Vamos a orar al Dueño de las Luces". Tomados de las manos formando un círculo, oramos. De pronto, la mortecina luz comenzó a aumentar. ¡Alabado sea el Todopoderoso, que nunca abandona a sus hijos! Más adelante, cuando habíamos caminado alrededor de un kilómetro, encontramos el recipiente del combustible dentro de una bolsa, colgando de una rama de café, casi en medio del camino.

En esa porción de tiempo que el Señor me concedió fuera de los barrotes, aproveché también para formalizar mi matrimonio ante los ojos de Dios y por lo civil. A pesar de tener ya tres hijos, Zoe y yo todavía no habíamos efectuado ese importante paso. La fecha escogida fue el 21 de enero. Ese día, todo marchó bien hasta por la noche, que nos reunimos en la iglesia para la celebración. Uno de esos apagones larguísimos que desquiciaban a mucha gente, parecía que impediría la repartición de la torta y la toma de las fotografías. Cuando era cerca de las once, y algunos comenzaban a dar muestras de impaciencia, me puse de pie, y le pedí a todos los presentes que pusieran su fe en que no nos despediríamos esa noche, sin antes haber realizado lo que teníamos previsto. En ese momento, los bombillos se encendieron: acababa de restablecerse el fluido eléctrico.

Había finalizado la oscuridad absoluta de esa jornada, en la que la obra inescrupulosa de Satanás había llevado a personas indolentes a lanzar piedras contra el techo de la iglesia y a blasfemar desde la acera de enfrente. Gracias a Jesucristo, cuando nos despedimos, la felicidad reinaba en nuestros corazones de cristianos. "Ninguna arma forjada contra ti prosperará, y condenarás toda lengua que se levante contra ti en juicio. Esa es la herencia de los siervos de Jehová, y su salvación de mi vendrá, dijo Jehová" (Isaías 54:17).

Todas esas experiencias fueron acicate para la predicación del Evangelio en la cárcel, para lo cual nuestro Dios me escogió, junto con Lino, Jorge y Ramiro. A partir del 15 de marzo, día en que ingresé a la prisión nueva de Las Mangas, la de máxima seguridad en la provincia, la totalidad de nuestras fuerzas estuvieron en función de ello.

tres

Causa 4/94

No temas en nada lo que vas a padecer. He aquí, el diablo echará
a algunos de vosotros a la cárcel, para que seáis probados.

—APOCALIPSIS 2:10

Hay fechas inscritas en la memoria con sustancia resistente al
tiempo; ni el sedimento de los meses las puede cubrir, ni el soplo
de los años barrer. Son como faros alumbrados de los recuerdos;
se mantienen incólumes, como el mensaje de nuestro Señor Jesucristo en su venida a la tierra. Hay fechas que duelen en el alma,
aunque los hechos enaltezcan.

Desde el amanecer, supe que el 14 de marzo de 1994, sería un
día aciago. Los rayos matutinos del sol me descubrieron, esperando que cambiaran un neumático del ómnibus donde viajaba a
Bayamo. Esa mañana sería el juicio, cuando explotó una goma del
único transporte público que realiza ese trayecto. Casi a la hora
en que debía estar llegando a la capital de la provincia, fue que se
inició el viaje. Con unos 40 minutos de atraso, de acuerdo previsto
por mí, llegué al tribunal provincial.

Poco rato después, comenzó la sesión; la sala estaba repleta de
personas. No sólo habían concurrido nuestros familiares, amigos
y hermanos en Cristo conocidos, sino también cristianos con los
que nunca habíamos alternado; enterados que seguidores del Hijo
de Dios serían juzgados, asistieron a darnos su apoyo y a conjurar
la mano de Satanás. Verdadera batalla espiritual se libró en aquel
local. En un momento determinado, en que los presentes hacían
una alabanza al Señor, el fiscal, evidentemente perturbado, mandó
a la secretaria a que pidiera silencio, pero ésta no se atrevió. En
nuestro pueblo, la iglesia a la que pertenecemos quedó en pleno
ayuno por nosotros.

Yo percibía una niebla que lo cubría todo. A las acusaciones
falsas que se nos imputaban, se unió la blasfemia. El maligno estaba muy furioso; el odio se desbordaba por la boca del fiscal, en

contraste con el amor que brotaba de las peticiones que hacían los hermanos que nos acompañaban. Para mí, solicitaron prisión inmediata, y en mi interior, alababa al Creador.

Ese fue un juicio sin géneros, en el cual no hubo testigos por parte de la acusación, y en el que los abogados de la defensa demostraron nuestra inocencia. Demoró alrededor de cinco horas. En un momento en que el fiscal pidió que se nos aumentara la condena, familiares nuestros rompieron a llorar. Sin embargo, mi madre, allí presente, me contó luego que no lloró. En ese crucial instante, se sentía muy fortalecida por Dios, y sintió deseos de entonar ese bonito coro que dice: "Jesús está pasando por aquí, cuando Él pasa, todo se transforma, se va la tristeza, viene la alegría para ti y para mí". De no ser por la inmensa fe, creo que no hubiese resistido verme juzgado y luego encarcelado. Cristo la sostiene, y le da fuerzas.

La que sería la primera y única sesión pública del juicio de la Causa 4/94, concluyó con las valientes palabras de uno de los abogados de la defensa: El licenciado Orasma, en representación del equipo contratado por nosotros, dijo:

—¿Dónde están los acusados? ¿Dónde están los testigos? ¿Dónde están las pruebas? Lo único que se ha comprobado, es que estos señores se reunían solamente para hablar de Jesucristo. ¿O es que Dios también es contrarrevolucionario?

En ese punto, la presidenta de la sala suspendió la sesión, diciendo que continuaríamos al día siguiente. A pesar de la prisión inmediata decretada para mí, regresé a mi casa, sin que nadie lo impidiera. Sin duda, el Señor me demostraba que yo estaba en sus manos; que sólo Él decide las acciones a ejecutar por nosotros, sus siervos. Aunque en los planes del Altísimo estaba que yo fuera a la cárcel a predicar su mensaje junto con mis hermanos Lino, Jorge y Ramiro, me permitió compartir esa noche con mi familia, la cual sufría en carne propia el proceso.

Desde el amanecer del 15 de marzo, hasta el mediodía, ayuné. Esperaba que, de un momento a otro, me llegara la citación para la continuidad del juicio. Sin embargo, quien llegó fue un policía, a informarme que debía presentarme al sector de la P.N.R. local, donde irían a buscarme. Sin que me lo dijeran directamente, intuí que la sesión prevista para ese día, no tendría lugar. Al agente del orden le dije que iría más tarde, luego de orar un poco. Él recogió mi carnet de identidad, y se marchó. Oré largo rato; sentía gran dolor. Ser víctima de una injusticia taladra hondo en el pecho. La tentación de darme a la fuga pasó por mi cabeza: declararme prófugo era una alternativa que podía tomar cuerpo dentro de mí, peligrosamente; así, ideas satánicas me confundían.

Abrí las Santas Escrituras, en busca de respuesta para mi penosa situación, y el Magnánimo me habló de esta forma: "Y al que quiera ponerte a pleito y quitarte la túnica, déjale también la capa, y a cualquiera que te obligue a llevar carga por una milla, ve con él dos" (San Mateo 5:40-41). Como muchas otras veces, el Omnipotente se hacía cargo de mi caso y soplaba vigor dentro de mí. Yo le decía: "Señor, ¿cómo es posible que, siendo inocente, tenga que aceptar esta infamia?", y el conocedor de mi futuro me levantó en sus brazos, y permitió mi crecimiento en resistencia, para aguantar lo que tenía reservado.

Estaba sumido en profunda reflexión, cuando vino mi esposa a avisarme que ya me buscaban. Me dirigí a la unidad de la policía, seguida por ella, mis tres hijos y mi madre. Fue un momento muy difícil, tal vez de los más duros, que guardé en mi memoria. En el auto en que me trasportarían a Instrucción Judicial en Bayamo, ya venía mi hermano en Cristo Ramiro, a quien habían recogido primero en su casa, en Jiguaní. Rápidamente, se formó una aglomeración de personas. Cerca de allí, está el hospital del pueblo y, coincidentemente, acababa de morir el padre de Onelia, la esposa de nuestro hermano Lino, quien luego del juicio el día anterior, hubo de regresar a la prisión, lo mismo que Jorge. La partida fue desgarradora, tanto para mí como para mi familia. Mi esposa y mi madre se aferraron al automóvil, dando gritos de dolor. Mis hijos también lloraban, desconsoladamente.

Nunca antes fui más importante. En tal estado de desesperación, no dejaba de rogarle a Jesús por la integridad de mis seres queridos, a quienes dejaba en deplorable estado emocional. A su omnipotencia confiaba a los que sufrían por mí. En la Instrucción Judicial, estuvimos hasta el día siguiente, cuando nos trasladaron para la prisión nueva de Granma. Allí, nos reunimos con nuestros hermanos Lino y Jorge. Poco antes del traslado, Zoe logró que le concedieran cinco minutos de visita. Me reconfortó mucho verla, más reanimada; aunque, posteriormente, me confesó que ese día hizo un esfuerzo inmenso por no dejar traslucir su verdadero estado. Nuestra mutua confianza en el Señor siempre nos ayudó, hasta en los momentos de más cruento pesar. Ella me comunicó, de acuerdo con averiguaciones que había hecho, que para nosotros se decretaba la cárcel. La anunciada segunda sesión pública de la Causa 4/94 nunca se efectuó. Al mes de estar entre rejas, recibimos la comunicación de que Lino, Jorge y yo debíamos cumplir una sanción de ocho años de encarcelamiento. Por su parte, a Ramiro, a quien inicialmente le habían solicitado dos años de prisión domiciliaria, le impusieron siete años entre barrotes.

Por algún tiempo, me pregunté por qué seríamos, precisamente nosotros cuatro, los que en definitiva sufriéramos de privación de nuestra libertad, cuando varios éramos los encausados. Mi curiosidad se sació un día, en que recibí una carta de uno de aquellos. En la misiva, me comunicaba lo derrumbado que estaba por la muerte de su padre: "No puedo resistir esto", me decía. Entonces, reparé en algo: Dios no impone, sobre los hombros de sus hijos, cargas que no puedan soportar. Y para predicar su Palabra, en la antesala del infierno, hay que crecerse ante las pruebas menos imaginadas.

cuatro

Los cuatro, de la Causa 4

Yo les he dado tu palabra; y el mundo los aborreció, porque
no son del mundo, como tampoco yo soy del mundo.

—SAN JUAN 17:14

La prisión nueva de Granma es de máxima seguridad en la provincia. Geográficamente, es vecina de la denominada prisión vieja de Las Mangas y sita a unos cinco kilómetros de la ciudad de Bayamo. Su forma arquitectónica es cuadrangular; por unas alas, se llega hasta el tercer nivel, o piso, y por otras, hasta el segundo. Una de esas alas divide por la mitad el cuadrángulo, permitiendo que se formen, a ambos lados suyos, los llamados soleadores o patios, desde donde los presidiarios pueden ver un pedazo de cielo. El nada agradable edificio, está muy bien protegido. No sólo son las altas tapias y los militares los que velan por ello, sino también perros entrenados para cazar prófugos o impedir que se produzca una fuga hacen guardia día y noche. No obstante, valga no olvidarlo, más de un hombre ha burlado el sofisticado sistema de protección, del cual sólo he mencionado algunos detalles: los más impresionantes por ser los más visibles.

Para alguien con ojo rápido, ese es el primer panorama que se observa, al cruzar las fronteras entre el mundo exterior y el de esta cárcel. A través de las rejillas del carro-celda, se percibe la brusca y deprimente ruptura, y es como si, de pronto, el sol se hubiese eclipsado. La oscuridad se intensifica, al penetrar en el área de las celdas. Un pasillo largo y recto, con puertas enrejadas a un costado, da la sensación de una profunda caverna, con varias dependencias que se pierden en las entrañas de la tierra. El sonido del metálico entrechocar de las rejas, los candados y las bisagras cuando abren o cierran, se interna con desparpajo en el oído, y parece que ya nunca más saldrá de ahí. Solamente el transcurrir del tiempo permite un acostumbramiento. Sin embargo, es un recuerdo feroz, que vuelve a la memoria del hombre una y otra vez, aún cuando ya se esté a salvo de los barrotes. Mi hermano en Cristo Ramiro y yo, llegamos a la prisión nueva, en la tarde del 16 de marzo. El horario de almuerzo había pasado recientemente, pero fuimos servidos de lo que quedaba para los mandantes o "gorilas", quienes gozan de prerrogativas y controlan la cantidad de comida, sirviendo menos porción de alimento al resto de los reos para autobeneficio. Por eso, la cantidad de comida que pusieron en mi bandeja, me hizo expresar: "Parece que aquí se come bastante...", luego descubrí mi error. Fuimos destinados a la parte del destacamento cuatro, donde iban a parar los que esperaban sanción, llamados pendientes. Allí, al final del inacabable pasillo, en las celdas siete y ocho, se encontraban nuestros hermanos Jorge y Lino. Como suele ocurrir, cuando llegan nuevos presidiarios, se formó la algarabía: "¡Tráiganlos para acá!", gritaban desde todas las celdas. El ansia por conocer algo novedoso del exterior o la posibilidad de obtener algún beneficio personal, permitía que el encarcelado buscara ese contacto con el novato. Lino, al enterarse de que éramos nosotros quienes llegábamos, se puso eufórico, y también pidió a gritos que nos llevaran junto a él. Gracias a Jesucristo, sabedor de nuestra necesidad de orientación, fuimos ubicados en la celda ocho, al lado suyo. Este cubículo era denominado, por los demás habitantes del destacamento, "el cuartel general", pues de los 24 hombres allí destacados, la mitad o gran parte de ella estaba al servicio de las autoridades como contrapartida.

A pesar de los muros y barrotes que nos impedían la libertad, nos alegró mucho el reencuentro, en contraposición con los rostros tristes de quienes nos rodeaban y acaso no comprendían el motivo de nuestro estado anímico. Ahí mismo, en la celda ocho, estaba un hombre de Río Cauto, a quien pedían cuatro años de privación de libertad, mientras que a su hijo, pena de muerte, por haber matado a un policía. Creo que este era el único que no estaba al servicio de los militares, entre los comunes de la celda. Su cara infundía una tristeza sin límites: permanecía en su esquina, ajeno a cuanto ocurría a su alrededor. Por su parte, Jorge más bien entristeció cuando vio a Ramiro; él había mantenido viva la esperanza de que su hermano de sangre no fuera a parar allí, para que pudiese ocuparse de sus padres ancianos, que ahora quedaban prácticamente desprotegidos.

Dentro de las celdas, se les llamaba pasillo al espacio al que quedaba libre entre una cama y la otra. Este formaba parte del ámbito íntimo del preso, y sólo tenían acceso a él, según las reglas del presidiario, quienes lo comparten y a quienes "el dueño de casa" admitía. Como muestra suprema que el Señor estaba con nosotros, en esos momentos de adaptación, coincidimos en el mismo pasillo con Lino; incluso, yo dormía en la cama de arriba de la suya. A él correspondió, en el breve tiempo que estuvimos juntos, darnos a conocer las leyes propias del inhóspito lugar. Los cinco meses que llevaba allí le habían dado la experiencia necesaria para servirnos de lazarillo. Con Jorge, pudimos hablar largamente al día siguiente de nuestra llegada, cuando fuimos sacados al patio. Su tristeza y su típico carácter introvertido fueron derrotados por la curiosidad de conocer detalles de sus padres y del pueblo.

Jesús dijo a sus discípulos: "Porque donde están dos o tres congregados en mi nombre, allí estoy yo, en medio de ellos" (San Mateo 18:20). Y nosotros éramos cuatro: sin duda había llegado el momento de comenzar a cumplir la misión que nos encomendó el Todopoderoso, al permitir enviarnos a la antesala del infierno, porque de otra manera no puede ser denominado aquel lugar donde los enviados de Satanás campean sus respetos.

Para el jueves siguiente de nuestra llegada, planificamos el primer ayuno. Luego lo hicimos todos los jueves, mientras estuvimos en el mismo destacamento. Desde la primera ocasión que ayunamos, comenzó a manifestarse la furia del maligno contra nosotros y quienes nos rodeaban. Esa vez, al levantarnos por la mañana, un grupo de compañeros de celda llamó a Lino al baño. Por ser con quien más confianza tenían, le confesaron que, en la madrugada, habían visto en nuestro pasillo una figura negra con una capa roja, y una espada en la mano, tratando de pincharlo a él, aunque no lo lograba. Por esas características, ellos decían que se trataba de Santa Bárbara, y aseguraban que nosotros estábamos protegidos por ella. Lino me llamó, para que me pusieran al tanto. Estaban muy asustados; al parecer, nunca antes habían presenciado algo similar. Les hice saber que nosotros no teníamos nada que ver con la adoración y culto de esa santa, y les aseguré que se trataba de un demonio enfurecido por nuestra acción, en nombre de Cristo Jesús. Y ahí mismo pedí al Creador que lo reprendiera.

Ese centinela de Satanás siguió visitando la celda, pero ya no nuestro pasillo. Se le aparecía a otros, sembrando pánico entre los alejados del camino del Señor, quienes carecían de protección. Principalmente, eso ocurría los días en que ayunábamos. Una de esas veces, se le presentó a un preso político y le causó gran impacto. Nosotros estábamos confiados; sabíamos que el Omnipresente no se apartaba de nuestro lado. Por eso, lo alabábamos cada día, al tiempo que dábamos los primeros pasos en la propagación de su Palabra. "Bueno es alabarte, oh Jehová, y cantar salmos a tu nombre, oh Altísimo; anunciar por la mañana tu misericordia y tu fidelidad, cada noche" (Salmo 92:1-2).

Teníamos por delante una dura encomienda: con la luz de las buenas noticias, despejar las nieblas de ignorancia, en el reino satánico y, aunque novatos, nos sentíamos listos. Por nuestras venas, fluía la sangre con el vigor del bien entrenado para una misión de alto riesgo. En verdad, no otro calificativo se le podía atribuir a la nuestra. El Altísimo es testigo de ello. Y tal es así, que pronto dispuso nuestra separación, para ampliar el radio de acción de nuestra labor evangelizadora. No obstante, de primer momento, no lo interpretamos correctamente; luego, cuando el Espíritu Santo nos alumbró fue que lo comprendimos, y pedimos perdón a Jesucristo por la testarudez con que actuamos, cuando nos informaron que iríamos para otras celdas.

Fue un jueves precisamente. Nos encontrábamos ayunando; un guardia vino, y nos dijo que Ramiro iría para la celda cinco, y yo para la seis. La tristeza nos inundó, y sentimos un golpe duro. Era como si nos pusieran a millas de distancia, los unos de los otros. Lino se exaltó mucho con la noticia, comenzó a protestar, airado. Después se calmó, y no tuvo otra opción que aceptar la realidad que se imponía. A partir de ese momento, de las ocho celdas del destacamento, en cuatro estaba la presencia de uno de nosotros. ¡Alabado sea Dios, que nunca equivoca sus planes! ¿Quién mejor que Él para determinar el siguiente paso de sus siervos?

Desde que llegué a la celda seis, comencé a comunicarle a los presentes acerca del que todo lo puede. Allí estaban más de cinco personas por asesinato, y muchos más por robo y estafa, pero todos me prestaron atención, y me respetaron. Ramiro hizo lo mismo en la cinco; Lino y Jorge continuaron la obra iniciada en la siete y la ocho.

En mi nuevo local, me reencontré con el único que no era cristiano de los cuatro que coincidimos en el calabozo de Jiguaní, en mi estadía en septiembre de 1993. Precisamente este muchacho, oriundo del poblado de Santa Rita, quiso adueñarse de la cama que me correspondía, por estar en posición más cómoda que la suya. Pero el mandante, al conocer de mi condición cristiana, le obligó a dejar libre el espacio.

A mi llegada, algunos me conocían por referencias que ya circulaban por el destacamento, y el santarritero también había hablado loablemente de mí. Por eso mismo era la actitud del jefe de celda: era un hombre que había cumplido con anterioridad 18 años de cárcel por asesinato. Esperaba otra sanción por hurto y sacrificio de ganado. Él me preguntó:

— ¿Tú eres cristiano? — A mi respuesta afirmativa, agregó: -He conocido muchos cristianos en la cárcel, todos con buena conducta...

Corría el mes de mayo cuando, casi por completo, se inundaba la prisión con himnos de alabanza a Dios. "Torre fuerte es el nombre del Señor" y "Espíritu de Dios" eran los títulos de dos de esos cantos. La estrofa introductoria del segundo, dice: "Espíritu de Dios, llena mi vida, llena mi alma, llena mi ser, lléname, lléname, lléname con tu poder". Todo comenzó por la celda cinco, la de Ramiro. Nuestro hermano en Cristo, que no sólo es un profundo conocedor de las Santas Escrituras, sino también fiel trasmisor de sus enseñanzas, encontró entre sus nuevos compañeros uno aficionado a la guitarra. ¡Vaya sabiduría de Jesús porque, por muchos años, él se había dedicado profesionalmente a la educación musical de niños y jóvenes, y era un buen guitarrista! A petición del aficionado, Ramiro comenzó a enseñarle cantos cristianos, y así se fue formando un coro, pues las letras aprendieron con rapidez. Los hombres de mi cubículo, al escuchar a aquellos, me propusieron imitarlos y, de oído, aprendieron las letras. A continuación, los acompañantes de Jorge en la siete, al oír cómo entonaban los míos, dieron vida a la chispa, y siguieron el ejemplo. Por último, la llama llegó a la celda ocho, pero no se ahogó ahí. En un momento determinado, todo el destacamento cantaba al unísono, y después un destacamento del ala de atrás igualmente hacía coro: a través de los barrotes escucharon, y decidieron unirse a la gigantesca coral.

Fueron tres días seguidos de plena gloria del Señor. De lo único que se hablaba en la prisión, era de eso. Nosotros estábamos eufóricos; cuando salíamos a tomar sol, nos poníamos de acuerdo de la hora en que comenzaríamos el concierto en honor al Creador.

Y luego, con puntualidad, los cantos rompían las enajenadoras paredes, corriendo por todas partes con la liquidez del agua indetenible. Al cabo del tercer día, en grado extremo de la indignación, las autoridades fueron a imponer el orden con amenazas. Pero, en esa oportunidad, también nos alumbró el Señor con sabiduría. Evitamos el enfrentamiento entre ambas partes, que de seguro no llevaría a otra cosa que no fuera el empeoramiento del régimen carcelario. Sin embargo, aprovechamos para poner una condición. Dejaríamos de cantar; no obstante, nadie podría impedirnos predicar los evangelios.

Así impusimos nuestras reglas, en el violento terreno en que nos movíamos. ¿Quién nos iba a decir a nosotros cuatro, cuando en nuestra infancia y adolescencia alternábamos en el barrio y en la escuela, que un día estaríamos unidos en único haz, con los estandartes del cristianismo como bandera y lanza? Ni aún poco antes de ser detenidos, concientizábamos cabalmente esto. Nuestra unidad, que en la adultez se fundamentó en gran medida en el estudio y debate de las Escrituras, a partir de esos momentos alcanzó su cima. Quienes se hermanan en nombre del Señor, nunca más ven escindidos sus caminos. Eso lo comprendimos poco a poco, pero para siempre. Recuerdo que, en agosto de 1993, aunque los sueños, visiones y evidencias nos anunciaban el apresamiento, no teníamos certeza de cuál era el plan de Dios para nosotros. Sin embargo, no dejábamos de prepararnos, porque presentíamos que, a la larga, el conocimiento del mensaje divino sería el arma decisiva para abrirnos paso. Así obraba el Espíritu Santo en nuestros pensamientos y actitudes.

En esa fecha de incertidumbre, el libro de Ezequiel, en el que Dios le comunica su amor al pueblo elegido con fuertes represiones, era el objeto de nuestro análisis. Y tal vez, a partir de esas páginas gloriosas, nos estaba hablando el Señor:

La mano de Jehová vino sobre mí, y me llevó en el Espíritu de Jehová, y me puso en medio de un valle que estaba lleno de huesos. Y me hizo pasar cerca de ellos por todo en derredor, y he aquí que eran muchísimos sobre la faz del campo, y por cierto secos en gran manera. Y me dijo: "Hijo de hombre, ¿vivirán estos huesos?" y le dije, "Señor Jehová, tú lo sabes" (Ezequiel 37:1-3).

¿Y qué es la cárcel si no un inmenso osario, donde las almas han caído en manos de Satanás, y se mueven desorientadas? ¿Y cuál era nuestra misión allí, si no insuflar, con la gracia del Espíritu Santo, fe y amor en Cristo Jesús, a aquellos sonámbulos? ¡Loado sea el Padre Supremo, que jamás yerra en decisiones! ¡Gloria al Todopoderoso, que bien escoge y orienta a sus siervos!

En mi pensamiento, florece la memoria de acontecimientos que ponen muy en alto el nombre de Jesucristo. Mis compañeros de pasillo estaban allí por asesinato. Uno mató a su tío, y otro a un profesor de un instituto politécnico cercano a su pueblo; ambos aceptaron al Hijo de Dios como su salvador. El segundo de ellos, a los dos meses, memorizaba el título de los 66 libros de la Biblia, varios versículos y unos cuantos salmos. Él era uno de los presos más problemáticos de los que se encontraban allí. Me confesó que tenía un enemigo en la celda ocho, y que ese era el último problema que iba a resolver. Para ello, tenía preparado un arma; yo traté de disuadirlo, pero hizo oído sordo a mi consejo. En una ocasión, el supuesto enemigo, sin imaginar el sentimiento que inspiraba en éste, se paró a la puerta de mi celda. Yo lo observaba todo, y oraba con toda mi fe; le pedí a Cristo por estas dos almas, que estaban a punto de despeñarse por un precipicio sin fondo. Y, sin duda, el Señor me escuchó: mi compañero de pasillo no tuvo valor para atacar al otro. Hasta ese día, no había reparado en que no albergaba tal odio contra aquel: no se había dado cuenta que el sentimiento de asesinar que lo llevó allí, ya no estaba en su interior. Cuando le pregunté por qué no había ejecutado su propósito, me dijo con mucha franqueza que en ese momento su deseo era abrazar al otro y llorar. Su sed de venganza se perdió al tiempo que se encaminaba por la senda de Cristo. "Y les daré un corazón, y un espíritu nuevo pondré dentro de ellos, y quitaré el corazón de piedra de en medio de su carne, y les daré un corazón de carne" (Ezequiel 11:19).

Fresco en mi recuerdo se mantiene, también, el caso de un joven de apellido Licea. El había matado a dos hombres, y le había cortado un brazo a otro. Por los asesinatos, le pedían pena de muerte, y por el brazo cercenado, 15 años. Una tarde en el patio, viendo la tristeza de su rostro, lo interpelé:

—¿Crees que Cristo te pueda salvar?

—Sí — fue su respuesta.

—Si te arrepientes sinceramente, Dios impedirá que te fusilen — le dije.

Después de ese diálogo, mandé su nombre para la Iglesia Pentecostal de mi pueblo, y todos comenzamos a pedir por su alma. A los pocos días, lo trasladaron para la celda de los condenados a muerte. Pero entonces, ya llevaba consigo un Nuevo Testamento. En 1995, cuando me encontraba en la celda siete del destacamento uno, recibí la noticia de que a Licea le habían conmutado la sanción por 30 años de presidio. "Porque no quiero la muerte del que muere, dice Jehová el Señor, convertíos pues y viviréis." (Ezequiel 18:32)

Esa fue una alegría generalizada pues, a pesar de la violencia que desune a los hombres en la antesala del infierno, el instinto de hermandad permite que, en estos casos, el regocijo sea total. Jesús todo lo puede: este fue un ejemplo para los allí recluidos. Quien escoge la senda de la verdad, conoce la bondad Suprema.

Nuestra actividad evangelizadora aumentaba por días. Lino hacía de su carisma socializador, la antorcha para despejar la oscuridad de quienes se reunían a su alrededor. Jorge, de siempre tan reservado, vencía su naturaleza con la Palabra del Señor. Ramiro crecía en su inofensiva apariencia, cuando comunicaba los conocimientos bíblicos a sus ávidos compañeros. Cada hora que transcurría, era de victoria para el cristianismo.

Nuestros ayunos continuaban, a veces, hasta tres veces a la semana. Mientras nosotros glorificábamos el nombre de Jesús, las autoridades se sentían desarmadas. Nuestra abstinencia de ingerir alimentos en nombre de Cristo, era asimilada oficialmente como huelga de hambre y, por tanto, como rebelión. Asimismo, nos escapábamos de sus manos, porque uno de los métodos para reducir al preso común era el hambre, y nosotros estábamos por encima de eso. El Unigénito todo el tiempo estaba a nuestro lado; las alegrías y las penas que vivíamos, eran gracias a su voluntad de permitirnos trasmitir las buenas noticias. Nosotros percibíamos la unción divina, y no nos interesaba otra cosa que cumplir el mandato del Omnipresente.

Fueron ocasiones de pleno triunfo en Cristo cuando nuestro destacamento recibió la visita de religiosos de diferentes denominaciones que, rompiendo la cerca impuesta por Satanás, nos llevaron el amoroso consuelo del Señor. Los cuatro nos sentimos enternecidos con la presencia de las Misioneras de la Caridad y otros hermanos católicos que, por primera vez, accedían a aquel horrendo lugar. Las monjitas, procedentes de otra nación, daban todo su cariño a los necesitados cubanos y, por supuesto, no se olvidaban de nosotros los que, entre muros y rejas, veían transcurrir los días.

También fuimos testigos de otro hecho que, por primera vez, acontecía allí: la coincidencia, en la misma visita, de un pastor de la Asamblea de Dios, y una fiel de esa denominación, con una hermana bautista y otra pentecostés. Los cuatro, enviados del Altísimo, habían ido expresamente a vernos y llevarnos su aliento. El pastor era Silvio Estévez, el Ministro de Dios de mi iglesia; la hermana Pentecostés, mi madre y la pentecostal, Zoe. La bautista era Rebeca Licea, una cristiana de Jiguaní que nos ayudó muchísimo. Dos años después de este suceso, todavía los presos recordaban las palabras que habían escuchado ese día. La verdad limpió los corazones de varios de ellos. Era como si un chorro de luz hubiese penetrado de pronto en ese espacio, limpiando la putrefacción imperante. De esa manera, nuestra labor fue favorecida, como mismo recibió la bendición, gracias al esfuerzo de hermanos católicos que sufrieron duras pruebas, por extendernos sus manos solidarias.

El 31 de agosto de 1994 fue terrible. Al día siguiente, haría un año de mi primera detención. Poco después, Jorge y Lino cumplirían el mismo tiempo de estar encarcelados, acusados, entonces, por propaganda, lo que se transformó en la Causa 4/94. Semanas antes, Adan y Danae, la niña de Lino, habían celebrado su primer añito de vida, casi sin conocernos. Hacía alrededor de tres meses que nos habían separado por celdas. Esperábamos la respuesta del Tribunal Popular Provincial de Santiago de Cuba, al cual habíamos apelado, después de conocer la sanción que se nos había aplicado.

Era domingo. Esa jornada, en víspera de septiembre, nos llegó la liquidación de la sanción, o sea, nos ratificaban la condena impuesta. Pero no era precisamente lo más duro que tendríamos que sufrir; un mandante llegó y nos dijo que recogiéramos todo, pues Lino iría para el destacamento tres, Jorge para el dos, Ramiro pasaría a la parte del cuatro, donde estaban los que cumplían sanciones definitivas, y yo iría para el uno. Nos separaban todavía más.

En ese crucial momento, comprendíamos el propósito del Señor, como nos ocurrió el día en que nos pusieron en celdas diferentes. "Velad y orad, para que no entréis en tentación, el espíritu a la verdad está dispuesto, pero la carne es débil" (San Mateo 26:41). Así les habló Jesús a sus discípulos en Getsemaní, poco antes de ser apresado por los enviados de sus enemigos. A pesar de que nosotros estábamos entregados a las oraciones, caímos en tentación. En cuanto supimos lo dispuesto, levantamos protesta, pedimos explicaciones y declaramos ayuno. Rápidamente, se decretó alarma en el penal.

Nuestra postura era tajante: no nos moveríamos de nuestros lugares, si no recibíamos una respuesta conveniente. Pedíamos, en primera instancia, que no nos separaran. Luego de una discusión con las autoridades, fuimos conducidos por la fuerza a los nuevos sitios donde nos destinaban. A mí, en franca posición de rebeldía, me llevaron cargado. Después supe que, a los hombres de la celda donde me habían transportado de esa forma, les habían impartido orientación de que me obligaran a comer. Las autoridades trataban de valerse, una vez más, de un método que suele darles resultados favorables: la utilización de presos para azotar otros presos, o sea, lanzar los perros contra los mismos perros. En cuanto fui depositado allí, aclaré mi posición, a quienes participaban como espectadores del hecho. Nadie intentó agredirme. Por el contrario; la cama que me dispusieron era incómoda, y los mismos compañeros de celda me llevaron para otra con buen colchón y en la parte de abajo. Su trato desde el primer momento fue afable, asestando una derrota contra la intención oficial. Ellos, sin yo preguntárselo, me hablaron de la orientación que el encargado del destacamento les había impartido. Algunos me conocían y sabían de mi entrega a la causa de cristiana.

Un poco más calmado, comencé a mirar con paciencia mi nueva situación. Entonces, observé con ojos espirituales y no humanos, como debí hacer, desde el principio. Al volver la cabeza, de un lado a otro, veía solamente semblantes llenos de tristeza, con las marcas de la prisión y el galopante pecado. Percibí aquellos hombres sumidos en la escala más baja y desastrosa de la condición humana, y el corazón me dio un vuelco. Comprendí que, no por gusto ni por obra de casualidad había ido a parar allí: Dios así lo había dispuesto, como una fase superior de nuestra misión. Su sabiduría inmensa era la que determinaba, y nosotros sólo debíamos limitarnos a cumplir. Su misericordia también era merecida por los habitantes de otros pisos de la poblada prisión.

De cinco destacamentos, nos encontrábamos ahora en cuatro, es decir, los evangelios serían llevados a casi la totalidad del edificio. Incluso, los de penas más severas por asesinatos, recibirían la Palabra, ya que Lino había sido enviado entre aquellos hombres. Todo lo que acontecía era para honra absoluta del Señor.

En el libro de los Hechos de los Apóstoles, capítulo 27, versículo 24, aparecen las palabras del ángel de Jehová a Pablo, cuando este viajaba a Roma y la tripulación estaba a punto de perderse por la amenaza de naufragio: "Pablo, no temas, es necesario que comparezcas ante César, y he aquí, Dios te ha concedido todos los que navegan contigo". Por gracia del Señor y como reconocimiento a las peticiones de su siervo, todos aquellos hombres se salvaron de la muerte. ¿Y quiénes éramos nosotros para no acatar la disposición del Todopoderoso de ampliar, de manera tan ostensible, nuestra labor evangelizadora? Sólo el fatídico momento de dejarnos tentar permitió que no percibiéramos la intención divina desde el principio. Pero, casi al mismo tiempo, reaccionamos los cuatro; nosotros no éramos seguidores de Jonás, el que se negó a predicar en Nínive. Hubiésemos sido dignos de ser arrojados también al mar, de haber persistido en esa postura. ¿Cómo no descorrer las cortinas de la ignorancia y presentar el mensaje de Jesús a aquellos hombres atrapados por las garras de Satanás, quien los conducía a la ruina moral, aniquilándolos a través del juego, la perversión, la intolerancia y el pecado?

Al segundo día, tuvimos una entrevista con el director de la prisión. Por separado, cada uno decidió terminar el ayuno, pero con la exigencia de conocer la opinión de los otros tres. Cuando estuvimos juntos, nos dimos cuenta de que pensábamos exactamente igual: el Espíritu de Dios nos había tocado, no teníamos dudas. Nuestros pensamientos humanos habían cambiado por los espirituales. En ese encuentro, lloré sin poder evitarlo. Empero, le aclaré a los oficiales allí presentes: "Lloro ante mi Señor Jesucristo, no a causa de ustedes".

Al director de la cárcel se lo hicimos saber: sólo nuestro amor por el Hijo del hombre permitía la suspensión del ayuno, y la posición de rebeldía; también aprovechamos para hacerle saber que continuaríamos e, incluso, aumentaríamos nuestra labor, al servicio de la causa más justa: el cristianismo.

Así, por disposición única de nuestro máximo guía, Jesús, se creó lo que, posteriormente, denominamos la Iglesia del Silencio, lugar donde toda la gloria fue para el Señor, y donde incontable cantidad de almas fueron salvadas.

cinco

La Iglesia del Silencio

Para que todos sean uno, como tú, oh Padre, en mí,
y yo en ti, que también ellos sean uno en nosotros,
para que el mundo crea que tú me enviaste.

—SAN JUAN 17:21

Dios obra milagros en circunstancias difíciles, no hay duda. Él es la única esperanza del encarcelado: cuando la injusticia humana cerca nuestros pasos, ahí está su poderosa mano, invitándonos a sacudirnos el polvo, y a seguirlo. Cuando el gemido del menesteroso se levanta, ahí está su consuelo. Cuando la persecución construye diques para ahogarnos, ahí están sus palabras: "Bienvenidos los que padecen persecución por causa de la justicia, porque de ellos es el reino de los cielos" (San Mateo 5:10).

Al finalizar el proceso judicial que me puso entre rejas, ya estaba absolutamente convencido de que no era otro el plan divino para conmigo y mis hermanos en Cristo con similar ventura. "Id; he aquí yo os envío como corderos en medio de lobos" (San Lucas 10:3). Desde el principio, vino a mi mente la profecía del Señor: "Pero antes de todas estas cosas os echarán mano, y os perseguirán y os entregarán a las sinagogas y a las cárceles, seréis llevados ante reyes y ante gobernadores por causa de mi nombre. Y esto os será ocasión para dar testimonio" (San Lucas 21:12-13).

Y, efectivamente, sus más entrañables seguidores conocieron los rigores de las prisiones: Pedro, Pablo, Juan y José. Incluso, Él pasó por la terrible experiencia; sin embargo, la intención anuladora de los apresadores nunca se cumplió. "Con vuestra paciencia ganaréis vuestras almas." (San Lucas 21:19) La voluntad del Altísimo siempre se impone: ¿quién que haya hecho suyas las enseñanzas del Unigénito, ha errado el camino? ¿Por qué temer, si nuestro futuro depende del Todopoderoso? ¿Por qué dudar, si los discípulos se purificaron y enriquecieron en el horno de la aflicción?

Como rápido comprendimos, gracias a la unción del Espíritu Santo, la separación por cuatro de los cinco destacamentos del penal fue el momento más decisivo en la labor evangelizadora que realizábamos desde nuestra llegada allí. Ahora, no teníamos dudas: todo el tiempo anterior fue una preparación previa a la rigurosa tarea que se nos presentaba. Como suele ocurrir siempre que Dios pone en práctica su plan, todo acontecía paulatinamente: en el instante preciso, sin apresuramientos ni retrasos. Todo lo que habíamos vivido a escala reducida, y juntos o cercanos, desde esa hora, lo enfrentaríamos a mayor dimensión, ya sin más apoyo que nuestra fe en el Creador. Sin darnos cuenta, acaso sólo cuando lo dispuso el Padre, llegó el momento exacto de fundar una iglesia: la que pondría en práctica la penitencia dentro de la penitenciaria. La que, por primera vez en la historia de aquella cárcel, transformaría la frustración en victoria: La Iglesia del Silencio.

Inmediatamente después de nuestra entrevista con el director de la prisión, donde en nombre del Señor decidimos, por unanimidad, suspender el ayuno que habíamos decretado en oposición al traslado a las nuevas celdas, comenzamos a predicar la Palabra. Los rostros de los conocedores de las Sagradas Escrituras mostraron renovación. Algo novedoso les cambiaba la manera de mirar el entorno. Un haz de luz penetraba sus almas, y les imprimía matices nunca antes conocidos por ellos. La niebla que tapaba sus ojos se apartaba, descubriéndoles la posibilidad de salvación en Cristo. Lo que había sido un mundo de oscuro y absoluto pesimismo, adquiría los colores de la esperanza. Poco a poco, a nuestro alrededor, crecía el número de hombres ansiosos por experimentar la gracia del Omnipotente, y Él, con alegría, recibía en el redil a las ovejas perdidas. ¡Gloria a Dios!

Pero no todo era sencillo y fácil: el estrecho camino de la verdad está plagado de dificultades; Satanás se enfurecía con cada uno de nuestros actos, con cada uno de nuestros triunfos. "Sed sobrios y velad, porque vuestro adversario el diablo, como león rugiente, anda alrededor buscando a quien devorar" (1Pedro 5:8). Sus desesperados intentos por detener nuestra obra al servicio de Cristo, tenían miles de manifestaciones: las autoridades pretendían silenciarnos, usando la coacción, o presidiarios contratados por el maligno nos atacaban, abierta o solapadamente. Los demonios intentaban sembrar el terror entre quienes recibían las enseñanzas;

la mínima flaqueza en nuestra fe pugnaban fuerzas satánicas, por convertirla en amplia brecha, para su penetración. En el vértice de este huracán, aprendimos el valor del silencio. Cercados por la soledad, comprendimos el edificante mensaje: "Guarda silencio ante Jehová, y espera con él. No te alteres con motivo del que prospera en su camino, por el hombre que hace maldades" (Salmo 37:7).

Pero nuestro silencio no era el de la boca cerrada, el enajenador, el que se acumula dentro del hombre hasta que lo hace estallar como bomba de tiempo, no: el nuestro era el de la discreción, el de la certeza que cada minuto estaba a nuestro favor, a pesar de la fiera cebada que nos espiaba. Callábamos nuestros proyectos; sin embargo, los ejecutábamos. Nuestra voz no respondía, sino a la voluntad de Dios. Nuestros actos eran su manera de decir: "Oh Dios, no guardes silencio, no calles, oh Dios, no te estés quieto" (Salmo 83:1). Esto lo repetíamos interiormente, y el nos ungía con su Espíritu Santo. Nos daba el valor y la fuerza para combatir, resarcirnos para de la más pequeña mengua. Las buenas nuevas se expandían por los cuatro destacamentos donde nos situaron, en la misma medida que crecía la fe. El Altísimo nos regaba como plantas de su fértil huerto, al tiempo que Satanás hacía malabares infructuosos, por descubrir la próxima acción que ejecutaríamos. La precaución era un arma que se encontraba en nuestro poder. "Las palabras del sabio escuchadas en quietud, son mejores que el clamor del Señor entre los necios" (Eclesiastés 9:17).

La Iglesia del Silencio fue erigida en nombre de Jesucristo para los marginados, los desposeídos, los maltratados, los infelices. "Porque el Hijo del hombre vino a buscar y a salvar lo que se había perdido" (San Lucas 19:10). Subidos en la barca, como Él nos indicó, lanzamos las redes y, en cada recogida, capturamos buenos peces. En nuestras prédicas, personas de disímiles procedencias sociales encontraron orientación. Lo mismo hablábamos de las glorias del Altísimo, delante de analfabetos como de universitarios. Hasta los custodios encargados de nuestra vigilancia pusieron oídos a mensajes que transmitíamos. Nunca nos limitamos, cuando de pregonar la obra cristiana se trataba. Hacíamos sesiones de estudio, donde buscábamos el intríngulis de las Escrituras, demostrando la vigencia de cada expresión, de cada frase. También impartíamos temas, donde abordábamos cuestiones relacionadas con la vida cotidiana y en sociedad.

De esta forma, cambiamos muchos conceptos sobre el matrimonio y la sexualidad de la pareja, la verdadera felicidad, la religión y la psicología, la alimentación y la salud. Es imposible contabilizar cuántos de nuestros compañeros de prisión encontraron la reconciliación con sus seres allegados, y sus amistades, luego de iniciarse en el cristianismo. No tenemos número preciso de las personas que le dieron otro sentido a la soledad, a través de la oración y la alabanza a Jesús. Las evidencias que el Señor estaba presente, dio carisma a la vida de quienes se sentían en el último escaño de la condición humana: nosotros estábamos allí por ellos, pues tal fue a disposición divina. Cumplíamos la encomienda de trasmitirles una acepción nueva, renovadora, del término libertad; la que encuentra verdadero relieve en Cristo, y va más allá de la que tradicionalmente utilizamos.

Empero, cuando el Hijo de Dios se enfrentaba a fariseos infames, los nuevos hipócritas que lo rodeaban se hacían la misma pregunta: "¿Por qué come nuestro Maestro con los publicanos y pecadores?" (San Mateo 9:11). Ni aquellos ni estos conocerán jamás la redención. Su ceguera incurable los sume en profundidades infernales, donde les espera el fuego anulador.

Los muros y las rejas que nos encerraban físicamente, fueron testigos de las batallas ganadas por el Señor. Él nos asistía, cosechando frutos en tierras que, hasta nuestra llegada, fueron reino absoluto de Satanás. Pero el Rey verdadero se anunciaba en las buenas nuevas, de las que éramos heraldos. Él está por llegar; entonces, las ovejas irán a la diestra del Padre, y los machos cabríos a la siniestra. El trigo irá a los almacenes y la mala hierba a la hoguera. En ese crucial momento, los que fueron como puntas de lanzas contra nosotros y nuestros seguidores, querrán encontrar la salvación con la hipocresía que les caracteriza. Pero el enviado de Dios errará en la selección. "Él que a vosotros oye, a mí oye, y el que a vosotros desecha, a mí desecha, y el que me desecha a mí, desecha al que me envió" (San Lucas 10:16).

La identificación de Jesucristo con el presidiario es auténtica: en su celda lo visita, y le da aliento. Allí, conoce de la tristeza y la congoja, aprecia la ayuda humilde y desinteresada, opuesta a la que regularmente se practica en ese recinto. El soberbio nunca encuentra sombra bajo su ala. Su calor es para el afligido; su brazo, para el debilitado; su voz enaltecedora, para quien busca escucharla; su fiesta, para el hijo que regresa arrepentido de mundanas experiencias; su bondad infinita, con el hombre condenado entre barrotes. Se repite cada día, trayendo a la memoria el gesto reservado solamente al Unigénito, cuando mostró su inigualable grandeza, al salvar del infierno a aquel desdichado que, desde la cruz vecina a la suya en el Calvario, supo reconocer en Él al Salvador. ¡Gloria a Dios!

Aunque el hermano Ramiro es bautista y Jorge, Lino y yo pertenecemos a las Asambleas de Dios, nuestras prédicas en ningún momento estuvieron dirigidas a captar feligreses para una denominación determinada: la Iglesia del Silencio nació con la señal de la unidad. Por encima de las interpretaciones que los hombres hemos dado a las Santas Escrituras, por encima de las escisiones, que en el pasado y en el presente trajeron y traen el surgimiento y fomento de tendencias diferentes, está el verdadero significado de la Oración de Jesús por sus discípulos, la cual dice: "La gloria que me diste, yo les he dado, para que sean uno, así como nosotros somos uno. Yo en ellos y tú en mí, para que sean perfectos en unidad, para que el mundo conozca que tú me enviaste, y que los has amado a ellos como también a mí me has amado" (San Juan 17:22-23).

Todo tiene su tiempo, como recuerda el Eclesiastés, y estamos en tiempo de volver la mirada a las enseñanzas del Maestro. Su deseo de que la Iglesia sea una en su nombre, que brille como perla singular en el mundo hostil y fraccionado, cobra vigencia inusitada.

Atrás, comprendidas por la historia, quedaron las desviaciones que trajeron las reformas. Las diferencias culturales son posibles de superar, observando el mensaje de las Escrituras. Más allá de católicos, ortodoxos y protestantes, está la verdad única: la de Cristo Jesús. La que abraza en un sólo haz a todo el que acepta la salvación a través suyo. Él aspiró a una Iglesia Universal; por eso, envió a los discípulos por los puntos cardinales de la geografía, con la misión de expandir las buenas nuevas. ¿Por qué entonces empecinarnos en las divisiones y distancias? ¿Acaso así no somos más débiles? ¿Acaso no contradecimos la esencia de su mensaje? ¿Para qué vino Él a la tierra, sino fue para buscar la unidad entre los hombres, bajo el manto de su Padre? ¿Cómo responderemos el día del Juicio Final, cuando tengamos que rendir cuentas y no sepamos qué decir al respecto? No basta con decidirnos por el camino más difícil, sino que es menester hacerse digno de Él.

En estos términos, hablábamos a los miembros de la Iglesia del Silencio. Los males que han azotado y todavía azotan a la iglesia mundial, se los dimos a conocer para que su caminar por la senda cristiana fuera más avisado, menos dado a las tentaciones. Asimismo, les demostramos por qué el proyecto de vida del que ama a Cristo está por encima de cualquier propuesta social; del por qué el hombre que busca la verdad, la encuentra si ha sabido perseverar en su pesquisa. "Pedid y se os dará, buscad y hallaréis, llamad y se os abrirá. Porque todo aquel que pide, recibe y el que busca halla, y el que llama se le abrirá" (San Mateo 7:7-8). La Iglesia de Cristo no nació para mediar entre fracciones ni partidos políticos, sino para guiar: para conducir al mundo hacia un orden humano superior, donde el amor sea el nexo que una a los individuos, donde la justicia y la concordia renueven, cada día, la voluntad de entregarse al Creador. Donde las enseñanzas del Supremo manen de ejemplos vivos y los miembros de la comunidad realicen cada acto por compasión; donde la muerte del Hijo de Dios, en la cruz, tenga verdadero valor.

Los culpables y los inocentes, los sancionados a muerte y los condenados a pocos años de prisión, los cristianos y los no cristianos, los viejos y los jóvenes, los heterosexuales y los homosexuales, los corruptos y los incorruptos, todos los que fueron acogidos por el Señor, en la Iglesia del Silencio, abrieron poco a poco su corazón a Jesús, y se entregaron al cumplimiento de su mensaje. Muchos se salvaron por fe, cuando pensaban cercano el final frente a un pelotón de fusilamiento. Muchos, a partir de ese instante, aprendieron el verdadero significado del paso del hombre por la tierra. Muchos conocieron de la recompensa reservada para el que teme a Dios; muchos supieron del fruto del arrepentimiento, y muchos se fortalecieron con la gracia del Espíritu Santo. "Y el Señor añadía cada día a la Iglesia los que habían de ser salvos" (Hechos 2:47).

De nuestras bocas no salían más que palabras de alabanza al Señor. Nuestras cuerdas vocales vibraban como afinado instrumento cuando de transmitir las enseñanzas cristianas se trataba. "Pues si anuncio el Evangelio, no tengo porqué gloriarme, porque me es impuesta necesidad, y ¡ay de mí sino anunciare el Evangelio!" (1 Cor. 9:16).

Pero, en cada segundo, nos preservábamos de incurrir en los dogmas que minan algunas iglesias y son fuentes de malas interpretaciones y divisiones internas. Seguir al pie de la letra las Escrituras era parte de la misión, que el Supremo nos encomendó. En la pureza de su esencia, nos empinamos con el cuidado de ser buenos edificadores de almas. Nuestros conocimientos teológicos no eran vastos; sin embargo, actuábamos inspirados por la convicción de que Jesús es la única vía para llegar al Todopoderoso: "Yo soy el camino, la verdad y la vida; nadie viene al padre sino por mí. Si me conocierais, también a mi Padre conoceréis, y desde ahora le conocéis y le habéis visto" (San Juan 14:6-7). La Iglesia del Silencio fue reconocida por hermanos de diferentes denominaciones que nos visitaron, validando así la labor desempeñada por nosotros como solados de Jesucristo. Nuestra unidad, consustancial a la unidad en la Palabra de Vida, nos granjeó el amor de aquellos que fueron hasta la prisión a darnos aliento, a exhortarnos y a legitimar, ante la sociedad, nuestra lucha. Católicos y protestantes nos inspiraron y fortalecieron. A través de ellos, se manifestaba la Palabra Santa. Nuestros corazones fueron tocados por la entrega de los que, sin obligación diferente a la nacida de la solidaridad con el prójimo, cruzaban el umbral de la prisión, con valentía, ante los ataques satánicos. Se demostraba, sin titubeos, que el pueblo de Cristo es uno sólo: ese que escoge la puerta y el camino angosto.

seis

En defensa del Evangelio

*Y la mayoría de los hermanos, cobrando ánimo en el Señor con
prisiones, se atreven mucho más a hablar la palabra sin temor.*

—FILIPENSES 1:14

Las Mangas, junio de 1995
A: Director
Prisión nueva de Granma
Bayamo

*De acuerdo con los acontecimientos ocurridos por estos días,
nos vemos en la necesidad de comunicarles a las persona
amantes de la justicia, a las que profesan una fe y a las que
a todas luces pretenden dañarnos, nuestra posición como
hombres creyentes en Jesucristo, en quien confiamos, porque
nos llevará a un mundo justo, de igualdad, como ningún rey
de la tierra pueda ofrecer (Apocalipsis 21:4).*

*Nuestra fe parte de la creencia en un Ser Supremo; por
tanto, perfecto, que nos ama por ser el Dueño de la Creación.
Él nos dio su Unigénito (San Juan 3:16) para salvarnos de la
maldición del pecado, que entra por desobediencia (Génesis
3:6). El Señor tiene poder sobre la vida y la muerte (San
Juan 10:17-18), y Jesús es el único camino para llegar a Él
(San Juan 14:6). En el hijo de Dios, vemos el modelo ideal
para acceder a la perfección, obra que comienza en la tierra
y concluye en el cielo.*

*Cristo se encarnó, tomando forma humana (San Juan
14:1-4), y tuvo como alimento hacer la voluntad del Padre
(San Juan 4:34), con quien se mantuvo en comunión por
la oración (San Juan 14:10). Él vino enviado por el Todopoderoso bajo el Espíritu Santo (San Juan 20:21), con la
misión de salvar lo perdido (San Mateo 18:11). Así, como
Él fue enviado, cumplimos esta encomienda de llevar el*

Evangelio a los perdidos, ¿Quién lo hará por nosotros, si en esta prisión se niega el derecho al servicio religioso?

Se nos juzga a causa de proselitismo, por ser luz de los ciegos en abundancia en este lugar, y de los que se nos acercan espontáneamente, buscando un átomo de la luminaria del Señor, reflejada en sus seguidores que aquí nos encontramos. La cárcel, en estos momentos, es un mundo deshumanizado donde el odio, la mezquindad, el egoísmo, la mentira, el homosexualismo, el hurto, la droga y la gran desesperanza lleva a los reos, en no pocas ocasiones, a actuar inmoralmente; estas son las penas que hieren cada día.

Lo que pregona, a bombos y platillos, la sociedad, relacionado con sus altos logros en la educación y en la salud pública, contrasta con lo que aquí se vive; a nosotros, por ser presos de conciencia, se nos niega el derecho a acogernos al sistema de estudio que ofrece la reeducación. O sea: nos juzgan por hacer la obra de Dios, nos tildan de proselitistas y, a la vez, nos impiden acceder a lo poco o lo único que, como reeducación, pueden ofertar. Y utilizamos el término "único" porque lo otro que se considera como tal es el plan correctivo, y a ninguno de los presidiarios, por motivo de conciencia, se nos da la posibilidad de recibirlo y, cuando nos lo ofrecen, es bajo condiciones que van en contra de nuestros principios. Entonces, optamos por no aceptar ese llamado "beneficio".

Con las violaciones que en esta prisión se cometen, podríamos realizar una larga lista. Aquí, nos limitamos a mencionar unas pocas. Además de las anteriores, podemos hablar de que se nos niega la asistencia médica, se nos hostiga de formas diferentes, incluyendo entrevistas donde se blasfema de Dios en abierta provocación. Se nos prohíbe tener imágenes religiosas, como la del Papa a los católicos, y folletos sobre el tema. Los reos al servicio de las autoridades, son instados a agredirnos. ¡Y después nos acusan de proselitismo!

A los imposibilitados de distinguir, queremos aclarar, a los empeñados en sembrar confusión, queremos aclarar: el proselitismo es un engendro adoctrinador, y nadie pagaría un precio tan alto de sufrimiento por ello. Sólo, por amor a Cristo, hablamos la Palabra de Vida en condiciones tan difíciles. Sólo la fe en el Señor nos da fuerza para predicar el Evangelio sin importarnos la cuota de dolor que ello implica.

A nuestros hermanos misioneros, se les niega el derecho a traer la Palabra de Luz y a guiar a las innumerables almas perdidas, que aquí se encuentran, por caminos de Vida. ¿Cómo los cristianos, que entre estas rejas nos encontramos, no vamos a dar a conocer a Jesucristo, en quien el hombre recibe perdón, sanidad, santidad y salvación para su alma? En el camino de Cristo, ningún hombre se ha perdido: todo lo contrario, de lo que sucede bajo la égida de la llamada reeducación. Muchos de los jóvenes que aquí se encuentran, están bajo este régimen desde los 10 años y están lejos de ser mejor para la sociedad, pues, en este lugar, donde se degenera tanto la moral, la totalidad de las cosas contribuye a dañar la dignidad del hombre.

¿Cómo no vamos a hablar de Cristo? ¿Qué herencia tendríamos en Dios si no anunciamos el Evangelio? Esta es la responsabilidad de todos los que conocemos a Jesús. "Porque todo aquel que invocare el nombre del Señor, será salvo. ¿Cómo, pues, invocarán a aquel en el cual no han creído? ¿Y cómo creerán en aquel de quien no han oído? ¿Y cómo oirán sin haber quien les predique?" (Romanos 10:13-14).

Cuando los hombres se convierten al cristianismo, dejan de ser peligrosos, pues gracias a la fe, se opera un cambio en sus conciencias, sin importar cuán descristianizados hayan estado.

Seguiremos anunciando a Jesús. No es justo obedecer a los hombres antes que a Dios (Hechos 4:19). Somos soldados de Cristo, miembros de la armada invencible de quien, con los pies ensangrentados y el costado traspasado, sigue conquistando territorios y almas, para su reino. Juliano, el emperador romano, trató de detener las corrientes desatadas por la cruz de Cristo, pero fue derrotado. En su lecho de agonía, tuvo que aclamar: "¡Oh, Galileo, tú me has vencido!".

Un día llegaremos a la costa del cielo, y allí veremos a nuestro Precursor, esperando, para darnos la bienvenida, porque donde Él está, nosotros también estaremos (San Juan 14:3).

¡Dios lo bendiga!

El hecho que originó esta carta lo recuerdo como uno de los más abiertos contra nuestra obra evangelizadora: fuerzas satánicas se abalanzaron sobre la Iglesia del Silencio, maquinando una desestabilización de quienes la integrábamos y, tal vez, una disolución. Posteriormente, no volvió a ocurrir otro ataque de esta envergadura. Tal fue nuestra reacción. Su comienzo estuvo solapado bajo la inocente imagen del mejoramiento estético de las celdas, y de cierta emulación, entre ellas. Su protagonista o, mejor dicho, el títere de Satanás fue esta vez el tristemente recordado capitán Lyenz. No era primera oportunidad que este hombre asumía dicho papel: casi se puede decir que disfrutaba esos arranques con verdadera morbosidad. Sobre sus espaldas, pesaban ya entonces las muertes de cinco presidiarios. Entre ellos, el preso político manzanillero Ramón Martínez quien, en 1990, no resistió la bestial golpiza que fue objeto por parte del mencionado oficial y otros hombres bajo sus órdenes. Ese era un método predilecto: la agresión física, la vejación, la tortura del indefenso. La embestida con que pretendió derrumbar los cimientos del edificio cristiano que levantamos con tanto esfuerzo y amor, fue la última de su tipo en su enfrentamiento contra nosotros. Contra Dios, nada puede.

Una idea de las autoridades de la cárcel quiso cambiar la imagen visible de las celdas. Así, se desató una ola de pretendido mejoramiento estético de aquellos recintos poblados de almas que, más bien, urgían de una renovación interior, para luego lograr que exteriorizaran, con sinceridad, la fachada que se buscaba proyectar. De esa forma, las paredes se poblaron de carteles y recortes de revistas extranjeras que, a manera de collage, mostraban figuras de mujeres, autos y otros productos no usuales para la gran masa cubana, por no ser expendidos en los mercados a los cuales se tiene acceso.

Asimismo, los letreros en inglés, con los más diversos mensajes publicitarios, obligaban a su reiterada lectura pues, por las cuatro esquinas, saltaban a la vista. Las celdas se convirtieron, por esos días, en irónicas simulaciones del famoso bazar turco, con la inmensa diferencia de que, en ellas, no se comerciaba nada de lo que se mostraba. Esas eran las aspiraciones estéticas de quienes, alejados de la Palabra de Jesús, desconocían otra manera de regocijarse. Al mismo tiempo, era una evidencia frustrante para las autoridades, que se pavoneaban por la supuesta efectividad de sus métodos reeducativos.

Los seguidores de Cristo Jesús aprovechamos la ocasión para mostrar, también, todo cuanto resaltara nuestra fe en el Salvador. Siempre nuestras Biblias estuvieron dispuestas, ante la mirada del que se acercaba a nuestros pasillos, pues decidimos, en esos momentos, exponerlas mucho más. Los católicos exhibían, igualmente, fotografías y reproducciones gráficas de Juan Pablo II, la Virgen de la Caridad del Cobre, Jesucristo y algunos otros santos varones y vírgenes, de los cuales eran devotos.

El referido capitán Lyenz, supuestamente indignado por lo que todo aquello significaba, como reflejo de ideologías no acordes con la que imponía el sistema social imperante en el país, ordenó a los mandantes a obligar a la población penal a retirar esos carteles. Estos, impotentes ante la masa de presos, no se atrevieron hacer valer el mandato, entonces fue cuando en la mente del oficial tomó forma o llegó el momento oportuno para atribuir a los presos de conciencia la culpabilidad de cuanto ocurría. O sea: la profusión de publicidad capitalista no era fruto de su mal trabajo reeducador, ni de las ansias recónditas de los presidiarios, sino de nosotros, los que nos dedicábamos a predicar la Palabra Divina. ¡Vaya ironía! ¡Que Dios perdone tanta blasfemia! Así fue como la orden se transformó, convirtiéndose en un furibundo ataque contra la evangelización.

Inmediatamente, prohibieron tener literatura e imágenes religiosas y anunciaron una requisa. Como suele ocurrir en estos casos, los comentarios tomaron cuerpo, a manera de trompetas precursoras, creándose un ambiente desestabilizador. Sin embargo, para los hombres que promulgábamos la Verdad, la amenaza fue acicate para reafirmarnos en nuestra posición. En más de una oportunidad, las incautaciones de material cristiano, incluyendo Biblias, habían terminado en la Prisión nueva de Granma con destrucción, como inigualable forma de irrespeto, soberbia y violación del derecho de toda persona, en cualquier parte del mundo.

Cuando los requisadores llegaron a mi celda, salí a debatir con ellos la situación, pero me dijeron que no sería yo objeto de tal acto, sino de los otros, quienes, según sus argumentos, no eran verdaderos cristianos, sino solamente oportunistas que se valían de la creencia para ocultar su verdadera cara. No obstante, tal explicación no fue bálsamo para que me calmara. ¿Cómo iba a conformarme con esa acusación contra los seguidores de Jesús, que encontraron el camino gracias a mis prédicas? Una vez más, se hacía fehaciente la ignorancia de las autoridades, las que no concebían la posibilidad del arrepentimiento, y el abrazo sincero de la enseñanza de nuestro Señor. Además, comprendí que se trataba de una jugarreta, como posteriormente se demostró. Si bien en ese momento no fui requisado, luego mis pertenencias fueron revisadas una por una, en franca acción provocadora. Pero el Altísimo impidió alteración en mi ánimo; como mansa oveja, permití que se cumpliera la prerrogativa oficial, sin levantar una mínima protesta. El Espíritu Santo me asistía. Al final, la victoria nuestra se impuso. En mi caso particular, no fui privado de ningún material relacionado con mi labor evangelizadora. La integridad de la Iglesia del Silencio se conservó intacta. Tampoco mis hermanos en Cristo sufrieron más daño que el provocado por el estado de incertidumbre que se crea ante la inminencia de agresión, como esa, a la privacidad y la moral. El desafuero satánico, en definitiva, fue bumerán contra su aupadores. La denuncia redactada por nosotros no fue dirigida solamente a las autoridades carcelarias, sino también a organizaciones internacionales, siempre dispuestas a escuchar la voz del presidiario.

Victoriosos en Cristo, continuamos, sin interrupción, nuestra misión. No nos importaban las nuevas maquinaciones que pudieran surgir; confiados en el Señor, creciendo en la fe, orientamos muchas más almas hacia el camino de la salvación. Empero, sabíamos que no estábamos libres de otras agresiones de envergadura. Satanás no descansaría ni un minuto en su intento por frustrar el avance de la Palabra en el que fue su reino absoluto. El hecho de que los evangelios se difundieron a contrapelo de las vallas que intentaban cerrarnos el camino, era un estigma demasiado agudo, en la frente diabólica.

Como lluvia en primavera, se sucedieron disímiles manifestaciones en nuestra contra. Una de ellas se mantiene todavía fija en mi memoria, porque su desenlace hasta tuvo cierta comicidad. En este caso, el emisario del maligno fue el primer teniente Palacios. Este reeducador supuestamente muy bien preparado en temas religiosos y cristianos, recién llegado de La Habana (tal vez de alguna escuela de instrucción), se propuso o le hicieron convertirse en pretendido retador ideal de nuestras concepciones. Antes de conocernos, ya le habían dado referencia mía y de mis hermanos en Cristo. ¡A saber cuánta calumnia se levantó en contra nuestra!

Sólo sé que desde el primer encuentro que tuvimos, se hizo evidente la discordancia entre nosotros. Tal era su predisposición, y tal era mi intención de no aceptar el mínimo repudio de las ideas que abrazo. De todas maneras, únicamente Dios sabe el porqué de su aparición: yo sostengo que el plan del Señor contemplaba este intercambio, pues lo verdadero de todo es que su nombre fue glorificado.

Un día, llegó Palacios a mi celda con cara de adolorido. Entonces, ya habíamos tenido alrededor de tres discusiones sobre temas cristianos, de los cuales era un desconocedor, pero algo, en su ignorancia, le hacía obviar. "Caballeros, hoy no quiero discutir. Tengo dolor de cabeza...", ese fue su saludo, y se sentó en una cama. Sin demora, lo puse en oración y le busqué una aspirina que, por cierto, era de origen norteamericano. Otro día, propuso al destacamento un debate: para ello, nos sacó al patio. Cuando comenzó a desarrollar el tema que proponía, era nada más y nada menos que una avalancha agresiva y sin poder de convencimiento; algo aprendido de la manera menos adecuada posible, y por ello más dañino.

Los cristianos que nos encontrábamos allí, por cuestión de ética y disciplinaria, nos retiramos de la fila y nos alejamos. Si bien no queríamos rebatirlo delante de otros reos, tampoco nos sentíamos en obligación de escucharle. Y él sabía que no podía coaccionarnos para lograr nuestra atención. No obstante, al percibirse herido en su propósito, nos retó sin miramientos y hasta con cierto sarcasmo. Quizá todavía le esté pesando el recuerdo de esa jornada.

El campo de batalla fue todo nuestro y aceptamos el duelo. Los padrinos fueron los demás presos, y las armas escogidas fueron las palabras y la Palabra. No fue necesario esperar la señal para entrechocar los metales: de frente comenzó el combate. De nuestra parte, gozosos, le hicimos revolverse en su falta de conocimientos. Sus propios argumentos nos sirvieron para demostrarle cuán errado estaba y cuán ignorante era. En cierto momento, le solicité permiso para ir a la celda a buscar una Biblia. Ese intervalo de tiempo también lo aproveché para ir hasta el destacamento dos, donde se encontraba Zoe visitando a nuestro hermano en Cristo, Jorge. ¡Tanto era el favor del Señor! ¡Alabada sea su magnanimidad!

De regreso en el patio, y luego de haber advertido a mi amada sobre la lucha que sostenía en esa hora, invité a Palacios a leer la introducción de la versión de las Escrituras que había buscado, donde se explicaban varios aspectos desconocidos por él: "En el centro de la Biblia está la cruz de Jesús y su resurrección. Ustedes, que siguen un camino difícil, y no divisan la luz al final del túnel, aprendan de la Biblia que están caminando hacia la resurrección. Y entiendan quién es, para ustedes, Jesús resucitado...".

El oficial, en medio de la discusión, tenía el volumen bíblico en las manos. Cuando nuestros compañeros de destacamento, que en su mayoría se habían dispersado desinteresados en el debate, aprovechando el tiempo para sus intereses, repararon en ello y comenzaron a provocarlo. "¡Ah, teniente, si sigue así va a terminar convertido... Fíjese que ya tiene una Biblia en las manos...", le decían entre risas.

La reacción de Palacios no se hizo esperar. Actuó como, si hasta ese instante, no hubiese notado que sostenía el Sagrado Libro y a toda velocidad, me lo devolvió. Después dijo alguna frase sin sentido y, con el mismo impulso se retiró del patio, dejándonos allí afuera; esto era algo incorrecto, de acuerdo con el régimen carcelario. A partir de entonces, nuestros intercambios estuvieron matizados por una formal cordialidad, en los que no se pasaba del saludo esporádico, y de dos o tres palabras más. Creo que él evitaba cualquier encontronazo que volviera a ponerlo en ridículo delante de la población penal. Posteriormente, fue invitado de nuevo a La Habana, a otro curso de preparación. Su vuelta se produjo cuando la visita de Juan Pablo II era inminente. Su tema preferido era la venida del Papa; no había decidido asumir el cristianismo, pues, con tanto ímpetu e interés, hablaba sobre el particular. Actualmente, Palacios es el subdirector de la prisión nueva de Granma.

Realmente, nuestra cotidianidad estaba plagada de luchas de esta naturaleza. Pero, cuando se mantiene la fe en Cristo, no hay molino de viento que resista la embestida. Sobre este asunto, escribió monseñor Enrique Pérez Serantes, Arzobispo de Santiago de Cuba, en diciembre de 1960, en la circular *Con Cristo, o contra Cristo*.

Si Dios está con nosotros, decía San Pablo, ¿quién podrá contra nosotros? Sin dudas, Dios quiere estar con nosotros, con los que le buscan y aman, y aún lo quisiera también, con los que le rechazan; pero no queramos utilizar a Dios para nuestros propósitos, en lugar de dejar que Dios nos utilice para los suyos. Hágase, Señor, tu voluntad, digamos. Y que se nos dé la paz, la paz que Él nos trajo; la que se base en la Verdad y la Justicia.

siete

Luchas espirituales

*Porque no tenemos lucha contra sangre y carne, sino contra
los gobernadores de las tinieblas de este siglo, contra huestes
espirituales de maldad en las regiones celestes.*

—EFESIOS 6:12

A principios de 1994, poco antes de ir a prisión por la Causa 4 de
ese año, en conversación con un hermano cristiano le manifesté
mi deseo de ver uno de los secuaces de Satanás que pululaban en
la tierra y que conocemos por demonios. Él me indicó que le pidiera a nuestro Señor Jesucristo discernimiento espiritual para
lograrlo. Así lo hice esa misma noche, antes de dormirme; en la
madrugada desperté, en el lado contrario al que me había acostado, con la cabeza fuera del mosquitero. Entré, entonces, en estado
de vigilancia, y observé una figura indefinida que atravesaba por
la esquina del cuarto y se introducía por encima de Adan.

Por la mañana, no le hice comentario alguno sobre el particular
a nadie, y partí con el pastor de mi iglesia hacia la Sierra, a donde
fuimos a predicar. Nuestro regreso se produjo casi de noche, con
alto grado de cansancio, pues tuvimos de caminar varios kilómetros de ida y de vuelta.

Cuando imaginaba al ministro de Dios descansando, de nuevo
estaba en mi casa. Fue en mi búsqueda para socorrer a un joven de
la localidad que intentaba suicidarse. Me disponía a acompañarlo,
cuando Zoe me recordó que debía regresar pronto, para llevar juntos a Adan al hospital, pues ese día se le había caído dos veces de
la cama y, además, no paraba de llorar. Era, al parecer, por el dolor
de oído. Al escuchar esto, el pastor dijo que podría ser la acción
de algún demonio, y, rápidamente, procedió a reprenderlo en el
nombre del Hijo de Dios. Casi de inmediato, cesó el malestar de
mi niño, y yo recordé la experiencia de la madrugada anterior. Al
referírselo a Silvio, él me explicó que ese tipo de enviado satánico
es de los que suelen introducirse en los cuerpos de las personas, y

en celebraciones propiciatorias, e imitar la voz de otras ya muertas para así engañar a los familiares o seres queridos atribulados. La anterior fue tan sólo la primera vez que vi un demonio. Y considero, que si nuestro Salvador me concedió la gracia de verlo y experimentar su daño y manera de proceder, fue como adelanto de lo que pronto viviría casi a diario. Él sabía que la misión encomendada a este siervo suyo, y a sus hermanos, estaría plagada de encuentros constantes y violentos con las huestes diabólicas.

En efecto, desde el primer día de nuestra llegada a la prisión, las manifestaciones demoníacas se sucedieron constantemente. La cárcel parecía ser el refugio predilecto de los hijos de Satanás en la tierra. En ese lugar, forma parte de la normalidad los hombres poseídos por demonios, en cuyas caras se percibe el mal que portan. Ojos encendidos, bocas provocativas, frases soeces, actos agresivos...Todo como parte del rostro escondido del que los induce a acciones desesperadas, atentando contra la integridad propia y la del semejante.

En una ocasión, acostado en mi cama, le pedí a mi Padre celestial que me permitiera observar a los corresponsales del mal que me rodeaban en ese momento. No hice más que virarme hacia un costado, y mi mirada chocó con la expresión contraída, y casi ofensiva, de un compañero de celda que, con descaro, me miraba fijamente. No me quedó duda alguna: esa era la respuesta del Altísimo a la petición de su humilde siervo. También era la mejor de las advertencias: "Vestíos de toda la armadura de Dios, para que podáis estar firmes contra las asechanzas de diablo" (Efesios 6:11).

El ángel enviado por el Todopoderoso al averno, por su rebeldía, le concede a sus seguidores la facultad de manifestarse de las maneras más difíciles. Sin embargo, mayor que el suyo es el poder del Creador; los que profesamos fe en Él, estamos protegidos de esos ataques o, por lo menos, tenemos en nuestras manos la forma de librarnos del mal. "Jehová se acordó de nosotros, nos bendecirá" (Salmo 115:12).

Días antes del juicio, en marzo de 1994, una señora que trabaja el espiritismo fue a verme para ofrecerme ayuda, pero la rechacé. Cristo Rey nos permite andar por su camino. No obstante, nos exige fidelidad, y no sería yo quien lo traicionara, a pesar de la desesperante situación que vivía.

En la misma jornada del juicio, otra mujer se me acercó para recomendarme que recurriera a las obras de un niño "que trabajaba limpio", según me dijo. Igualmente, desestimé de plano su sugerencia y, además, la invité a aceptar a Jesucristo, como Salvador de su alma. Más adelante, cuando llevaba algún tiempo en prisión, una madrugada se presentó a la cabecera de mi cama un demonio con cara de mujer, muy negra, quien me dijo:

—¡Cómo estas sufriendo! ¿Verdad...? — no pude responderle nada, sólo la escuchaba.

—Yo te quise ayudar, pero no quisiste aceptarme... ¡Y lo que te falta, todavía! — Prosiguió, mientras mi mutismo continuaba...

—Yo soy Yembaá — agregó — por mí se mueven los bembés...

En ese momento, mi lengua se soltó del nudo que la mantenía prisionera: — ¡Te reprendo, Yembaá, en nombre de mi Señor Jesucristo! — le dije con toda la fuerza de mi corazón e, inmediatamente, desapareció. Al día siguiente, declaré un ayuno. Este demonio no volvió a hostigarme.

En cierta ocasión, cuando aún estaba en el destacamento cuatro, el de los pendientes, un compañero de celda me llamó al baño. Se sentía muy contrariado: los malos pensamientos asaltaban su cabeza, y no le dejaban tranquilo, y me pidió que orara por él. Yo me encontraba haciendo ayuno. Cuando me le acerqué, vimos un hombrecito pequeño que salió corriendo, y se introdujo por el hueco de la taza turca. No había discusión: era el demonio que lo asediaba pues, rápidamente, sintió mejoría. Pero, ¡vaya cobarde! No había comenzado a orar por el indefenso hombre, y ya huía a toda carrera, a refugiarse en la parte más poluta del recinto.

Así reaccionan todos esos malos espíritus: se apoderan de seres débiles, y se ensañan contra ellos hasta convertirlos en guiñapos. Sin embargo, en cuanto se ven amenazados por la fe del cristianismo escapan, sin mirar atrás. "Y echó fuera muchos demonios, y no dejaba hablar a los demonios, porque le conocían" (San Marco 1:34).

Precisamente, una de las cosas que más enfurecía a Satanás, desde nuestra llegada a aquel lugar, era cuando enseñábamos a nuestros discípulos las formas de reprender a sus seguidores. Casi siempre, después que explicábamos algún tema relacionado con esto, y con las tretas por ellos empleadas para engañar así como con el poder de Cristo para liberarnos de la esclavitud demoníaca, se percibían manifestaciones de sus ataques. Conocimos de testimonios de presos que sentían como se le tiraban encima, en un intento por ahogarlos, haciéndolos pasar serios apuros. Empero, cuando reprendían al atacante como les habíamos orientado, experimentaban la libertad.

En mi diario, consigné con fecha 1 de junio de 1995 un hecho que sufrí en la madrugada de ese día. Satanás intentaba imponerme el miedo para que abandonara mi obra evangelizadora, y para que le vendiera mi alma. Esa noche, tuve un sueño contextualizado, en un sito que me parecía haber visitado con anterioridad. Era una vieja estación de ferrocarril, abandonada, y el Marabú la cercaba por sus cuatro costados. Una tubería llegaba hasta la edificación, pero tenía varios salideros por los cuales el agua se derramaba, inundándolo todo. En uno de los pilotes de cemento que sostenían la conductora del líquido, veía unos papeles sumergidos y, no obstante, no se dañaban, como si no se mojaran; el agua estaba muy clara. También allí veía una pastilla de jabón, y me extrañó mucho que no tuviera desgaste original, a pesar de estar cubierta. Cuando fui a tomarla, se convirtió en una jicotea que se me prendió de la mano. Reaccioné sin demora, porque intuí que aquel animal era un demonio, y lo reprendí. Cuando desperté, dirigí mi mirada hacia el baño y observé una mano velluda y enorme que salía por los barrotes. Continué la represión, hasta tanto no desapareció por completo.

Por primera vez desde mi llegada a la cárcel, en ese momento escuché un maullido de gatos. Al reparar en ello, me asomé por los barrotes, pero no logré ver nada. Por la mañana, nos sacaron al patio, y allí oí a varios hermanos, refiriendo manifestaciones demoníacas sufridas la noche anterior. Al parecer, los soldados del maligno realizaron un ataque masivo dirigido especialmente contra los amantes de nuestro Señor Jesucristo. Sin embargo, todos los que estábamos al corriente de las buenas nuevas, supimos salir victoriosos. Satanás se veía obligado a la contraofensiva, pues esa manera de actuar es propia de quienes temen enfrentarse a cara descubierta. El reto que le propinamos, desde posiciones francas, no le era posible aceptarlo: la oscuridad, la traición, la sorpresa por la espalda, son sus aliadas predilectas.

Un ejemplo de seres vulnerables a las maquinaciones satánicas, era un joven llamado Elizardo Valdivia, quien en más de una ocasión, intentó el suicidio. También, más de una vez, me correspondió evitar el penoso incidente. Uno de los intentos estuvo precedido por un mensaje que me envió, en el cual decía:

Me siento en estado ansioso, creo que es una crisis nerviosa, pero, para caer en este estado, existe un por qué: Bueno, pienso mucho en mis familiares, los cuales no vienen a verme. Además, tengo una esposa fiel y, en estos últimos días, estoy dudando. Creo que me traiciona. Quizá si yo muero, esa sea la llave principal, y hoy, para que no tenga duda, necesito que mi Eva me eche la primera pala de tierra, para así saber que fui enterrado por lo que más quise en el mundo, y que nadie la culpe de nada. En mi entierro, no quiero flores ni coronas, aunque tampoco quiero música; sólo quiero mucha tristeza, como la que hoy llevo en mi alma. No saben ustedes el sentimiento que nos ofrece la vida con sólo pensar en la muerte. Pues, así me siento: triste, a pesar de tener 33 años, la edad que tenía Cristo cuando lo crucificaron. Él también sufrió antes de morir, y me espera para salvarme en el cielo. La fotografía de mi Eva quiero llevármela conmigo. Ella me mató; ahora que me entierre, porque la amo.

Gracias a Dios, este amigo no llegó a consumar su propósito, esa vez. En mi celda, a donde llegó procedente del destacamento tres, luego de tener problemas allí, recibió la Palabra y, al parecer, la aceptaba con voluntad. No obstante, la obsesión suicida colocada en su mente por el maligno, se repetía una oportunidad tras otra; no le dejaba descansar. Siempre encontraba justificación para reincidir.

Exactamente, el día en que cumplía el tercer año de la celebración del juicio que me llevó a la cárcel, le escribía una carta a Zoe. De pronto, la algarabía armada por los otros reclusos me obligó a detener la redacción: de nuevo Elizardo atentaba contra su integridad física. En la misiva, le conté a mi esposa el suceso de la siguiente forma:

Mi amor:

Tuve que interrumpir la escritura para enfrentar una batalla espiritual. Hace días, sueño que el diablo, con figura de toro, me embiste. Anoche, eran reses, y ahora un muchacho con una cuchilla en la mano se encapricha en cortarse. Ya estaba en el baño, dispuesto a efectuar su intención, cuando fui y le quité el arma. Oré; leí unos salmos, y también un fragmento del Apocalipsis, así como unos pasajes del Evangelio de San Lucas. También he tenido que reprender al equipo de convertidos de la celda, pues, en vez de orar, se muestran igualmente endemoniados. Ahora, la gente salió a tomar el sol; sólo quedamos aquí el muchacho y yo. Le preparé un desayuno; lo llamé, y me dijo que venía para acá, mientras se dirigía al baño. Cuando fui a ver lo que hacía, lo encontré cortándose la cara, y tenía un lápiz en la mano, al parecer, con propósito de usarlo también en el acto. Rápidamente, lo desarmé. Vinieron, y se lo llevaron...

La oración era mi escudo y mi armadura. La invocación constante y profunda al Creador, a su Hijo y al Espíritu Santo es la única manera que tenemos de vencer al dueño del infierno. La historia es de los que tenemos fe absoluta en nuestro Señor. Donde hay un siervo de Cristo, las fuerzas del mal menguan, pues Jesús venció al diablo en la cruz. "Pero si yo, por Espíritu de Dios, echo fuera los demonios, ciertamente allegado a vosotros el reino de Dios" (San Mateo 12:28).

El fin de año de 1996 y el primer día de 1997 fueron pródigos en ataques satánicos y en la gracia del Espíritu Santo. Se desarrolló una intensa batalla espiritual en la Iglesia del Silencio. La furia de Belcebú se hacía sentir con énfasis.

Yo me encontraba realizando un ayuno de varios días; la presión demoníaca convertía la celda en una verdadera caldera de vapor y, sin razón aparente, los hombres caían desmayados al piso, como si fueran cocos que se desprendieran de un alto racimo. Con el paso de las jornadas, mi visión disminuía: a pocos metros casi me era imposible distinguir el rostro de quienes me rodeaban. En una oportunidad en que acompañé a uno de los desmayados a la enfermería, para evitar el asalto demoníaco en el camino, el enfermero notó mi afectación oftalmológica, y me citó para la consulta al día siguiente, pero no concurrí: yo sabía que no encontraría en ellos la causa y el remedio de mi situación.

24 de diciembre de 1996

En la noche, tuve un ataque del demonio. Primero, fue un sueño malo; luego, cuando abrí los ojos, vi una cara que me miraba. Por unos minutos, perdí el habla, hasta que pude clamar a Cristo para que reprendiera al maligno. Entonces huyó. Un compañero de celda me confesó que escuchó mi represión y sintió unos pasos apresurados. ¡Gloria al Señor! Después de esto, no volví a conciliar el sueño, y comencé a recitar los salmos 23, 91 y 121. Me sentía atravesando el valle de sombra de muerte. Dura batalla.

25 de diciembre de 1996

Hicimos el culto navideño. Di el mensaje acerca del nacimiento del Niño Jesús. En la madrugada, vi un cerdo muy grande que venía del baño. De nuevo, perdí el habla y la vista; comencé a clamar a Cristo con el pensamiento, hasta que pude hablar. Fue muy duro el batallar. Cuando el demonio escapó, recuperé la visión completamente, y alabe a nuestro Señor. Creo que terminó este combate, que ya dura varios días. Amén.

31 de diciembre de 1996

Último día del año. Limpiamos la celda con abundante agua; intercambiamos felicitaciones. Después del desayuno, hicimos las oraciones de la mañana. Leí varios pasajes bíblicos, terminé con el capítulo final del Apocalipsis.

Fue una mañana triste: mientras muchos de mis compañeros de celda dormían, yo leía el libro *Sanidad mental*. En la tarde, me sentí un poco angustiado; fui al comedor, y recogí mi comida en una cazuela: congrí, croqueta y lechuga. Sólo me comí la lechuga, con un pedazo de pan y un vaso de jugo de naranja. Pero antes, me arrodille a orar, pues me sentí muy triste, y al mirar a mi alrededor, descubrí el mismo ánimo en los rostros de los demás. Más tarde, me senté a conversar con mis hermanos en Cristo Ubaldo, Osvaldo, Oscar, sobre la mesa de dulces que prepararíamos para despedir el año; otro más, en la Iglesia del Silencio. Luego de orar en la noche, pedí al Señor que me hablara con la Palabra: su mensaje me llegó con San Marcos 14:38. "Velad y orad, para que no entréis en tentación, el espíritu a la Verdad está dispuesto, pero la carne es débil." El Altísimo me hablaba así por algo. En una esquina, estaba Rogert, con un dolor de cabeza insoportable, según me dijo, así que lo llame para orar. Leí el capítulo 18 de Apocalipsis. Después de pedir al Padre que atara los demonios, le puse la mano en la cabeza y sentí cómo ésta se le movía como un recién nacido. Eran los servidores de Satanás, en plena huida, y gracias a Dios, se sanó. Más tarde, cantamos y alabamos al Creador. Como a las 11 de la noche, hicimos la cena proyectada.

1 de enero de 1997

Hoy, el Espíritu Santo está conmigo. Cuando me levanté, alabe al Señor en oración y salmos. Por lo ocurrido ayer, sabía que acontecería algo.

Por la mañana temprano, ocurrió la voz de que un preso se había ahorcado: triste noticia para el primer día del año. Como a las 11 de la mañana, llegó a mi celda un paisano llamado Erner, que trajeron de otra prisión. Vino en shorts, descalzo y sin camisa. Su cuerpo estaba cubierto de marcas de golpes, pues tuvo problemas de riñas. Este joven traía una carga que no podía soportar más. Después que lo recibí y conversamos un poco, comencé a predicarle, pues el dolor que lo acongojaba se le reflejaba en el rostro. Estuve como tres horas llevándole la Palabra.

Todo ese tiempo se mantuvo erizado, como si sintiera un frío intenso. Me dijo que no podía más: sentía inseguridad, miedo e intensos deseos de llorar. Lo incité a desahogarse todo lo que quisiera, y lo invité a arrodillarse. Yo también lo hice, y le pedí que repitiera detrás de mí la oración de arrepentimiento; en un mar de lágrimas, lo hizo. A continuación, seguí orando y leyendo salmos. El cayó en un profundo sueño en el mismo colchón de hierba donde estaba sentado. Parece que hacía mucho tiempo no dormía con tanta tranquilidad. Me dolía llamarlo para la comida, pero, de lo contrario, pasaría hambre más tarde. Después de esto, lo trasladaron para la celda tres; entonces, le había regalado una camisa, y luego le llevé una sábana. Otro preso le dio un colchón. Comprendí entonces el verdadero significado del mensaje del Señor el día de ayer. Como me había acostado tarde, esperando el advenimiento del nuevo año, sentí sueño por la mañana, pero el Espíritu de Dios no me permitió ir a la cama y abandonar a ese joven que, con ojos suplicantes, me pedía no dejara de hablarle de la Palabra de Vida.

Empero, no era yo el único que me encontraba inmerso en ese combate cotidiano contra las fuerzas diabólicas. Mis hermanos en Cristo, Jorge, Lino y Ramiro, igualmente batallaban, desde sus respectivos sitios. Satanás bien sabía que cada uno por nuestra parte, ganábamos almas para la benefactora obra de Jesucristo. Almas que le arrancábamos de sus propias manos; almas que, al borde del precipicio, clamaban por salvación, pero que ignoraban como acceder a ella. Sólo cuando escuchaban las buenas nuevas que nosotros, los enviados del Altísimo para la instauración de la Iglesia del Silencio predicábamos, encontraban orientación. No fueron uno o dos, sino muchos los que aprendieron a enfrentar los ataques satánicos con las enseñanzas cristianas. Jorge me ofreció un excelente testimonio de su lucha en una carta con fecha del 3 de marzo de 1996 que conservó, por la importancia de su contenido. Muy ilustrativo en su narración, mi hermano en Cristo me decía:

> Desde hace unos cuantos días, se me han ido presentando manifestaciones extrañas. Las primeras fueron hace casi dos años, cuando éramos pendientes y estaba yo en la celda siete, del destacamento cuatro. En aquel lugar, se presentaba un espíritu del mal que yo no veía, pero sí veían los demás. A mí sólo me correspondía observar las expresiones de terror en las caras de mis compañeros. Después de esto, un preso me contó, no sin cierto miedo, que le golpearon en el rostro, y una mano lo obligó a mirar hacia mi puesto. Cuando el volvió la vista hacia mí, vio una cama vacía y, al lado de la misma, un niño de cuatro o cinco años, parado. Asustado, cambió la mirada y, al volver a dirigirla en mi dirección, ya me vio acostado; el niño había desaparecido. A los pocos días de esto, fuimos trasladados hacia los destacamentos, donde ahora nos encontramos. (...)
>
> Aquí tuve tremenda prueba, con el carcelero Caimán, el cual me han dicho que practicaba el culto a Satanás. Una de las cosas más extrañas era una larga lista de nombres asiáticos que todos los días recitaba; a mí me recordaban los demonios del testimonio de las hermanas norteamericanas, Elaine y Rebeca. Diariamente, Caimán me decía que él podía sacarme de la prisión; yo le contestaba que Cristo sería quien me sacaría de aquí, junto con ustedes. Él se vanagloriaba delante de todos, diciendo que era el Dios de la tierra, que él tenía mucho oro, y otra sarta de estupideces. Después, lo trasladaron para la prisión vieja.
>
> Luego tuve el incidente, por el que me enviaron a la celda de castigo. Allí me encontré con otro personaje, parecido a Caimán, pero más inteligente. Este individuo fue golpeado en una granja donde se encontraba por promover el cristianismo y reunir a más de 80 devotos del Señor, pero noté que era un blasfemo, o un impostor, pues predicaba de forma

muy extraña, y decía ser el segundo Mesías. Cinco días estuvimos conversando y discutiendo; a veces, me decía que yo le parecía a un diablito, por estar predicando el catolicismo, algo que me ratificaba su confusión. Dondequiera que él hablaba del Evangelio, la gente se burlaba de su persona y de Cristo. Cuando salí de la celda de castigo, me lo encontré en el destacamento, haciendo de bufón. (...) En el soleador, se manifestaba de la misma manera; hasta que un día lo llamé y le cité a San Mateo 24: 4-8. Al poco rato de subir al piso, el hombre comenzó a gritar que los presos lo querían matar (...)

Pero volviendo a mis experiencias en la celda de castigo, había allí un individuo muy incrédulo que llevaba, en ese lugar, dos meses. Le hablé y me dijo que yo tenía la particularidad de convencerlo un poco; pero de todas formas agredió al personaje del cual acabo de hablarte. En ese sitio, me encontré a varios endemoniados; uno de ellos se picoteó en acto autoagresivo, y otro me confesó que su padre había pactado con Satanás, y él se sentía muy mal. Estaba buscando la manera de cambiar de vida. Este hombre tenía una fuerza inmensa y su forma de mirar metía miedo; me di cuenta de ello al instante, pero, no obstante, lo aconsejé un poco y, al parecer, me oyó.

El día que salí de la celda de castigo, bien temprano, el Espíritu me dijo que en esa jornada saldría de allí y que eso significaba que nos iríamos de la cárcel, antes de cumplirse el tiempo de castigo. Algo que olvidaba: antes de regresar al destacamento, esa mañana, vino un preso, con quien había tenido fuertes discusiones meses antes sobre el tema del cristianismo, y me entregó un papel, donde me decía que aceptaba al Señor, y que yo era su hermano. Aquel día, hasta el hombre que llevaba castigado dos meses, salió de allí.

Después de esto, un preso llamado Alberto Blanco, que trabajaba en el soleador, me llamó, asustado. El había estado en mi cubículo, y una noche me dijo me vio acostado en la cama y, cuando fue al baño, me vio parado también allá. O sea, que yo aparecía en dos lugares diferentes, al mismo tiempo. Luego de esto, se han dado otras manifestaciones extrañas; quisiera tener mucho papel, para escribir todo lo que se me ha presentado en sueños y despierto. Incluso, la enfermedad de Lino y su recuperación, se me presentó en sueños. (...) Antes de los sucesos que me llevaron a la celda de castigo, vi a Satanás y a otros secuaces suyos, disfrazados de hombres, con los ojos y el pelo muy negro y una luz verdosa iluminándolos. Satanás, furioso, daba puñetazos en un buró y ordenaba que me mataran. Los otros trataban de ejecutar su mandato, mientras yo dormía, pero en el sueño tuve tremendo miedo, y le pedí a Jesús que me salvara de aquella muerte. De pronto, caí boca arriba, fuera de la muralla, y vi la silueta de Cristo, que saltaba sobre el muro y sobre mí, junto con dos o tres figuras, que debían ser ángeles. Entonces, el Hijo de Dios me dijo: "Ya estás fuera de peligro", y desapareció. Cuando desperté, estaba aterrorizado.

(...) Creo que últimamente estoy viajando en espíritu a otros lugares; sobre todo, a zonas de Pinar del Río, y a ciudades desconocidas por mí. Además, a cada rato me veo combatiendo contra varias personas y matando, con gran derramamiento de sangre y haciendo gala de un arte marcial, que desconozco. Estoy en contra de esas manifestaciones, que no son más que formas de Satanás, de sugerirme y ofrecerme el mundo. Incluso, hace unos días me dijo que yo sería el presidente de Cuba, y yo lo que quiero es ser presidente de una asamblea de Dios. Para la gloria del Señor, no acepto nada del diablo. Amén.

(...) Me ha dicho un preso, bien temprano en la mañana, que anoche mientras yo dormía, había un hombre viejo y sin camisa, sentado a los pies de mi cama. Según dice, el anciano tenía el rostro blancuzco y algo irreconocible, pero que se parecía a mí. Estaba vestido con pantalón y zapatos, y tenía los pies cruzados. Yo no lo vi; sí sé que anoche anduve en sueños por Las Minas, donde había una extraña batalla en la que yo participaba como espectador, y veía algo así como bolas de fuego y otras cosas que no recuerdo. Al final de la madrugada, estaba frente a la Iglesia Bautista de Santa Rita, la cual estaba cerrada, por falta de público. Y, en su puerta, estaba parada una señora mayor, que no conozco, refunfuñando.

El mismo preso que vio a los pies de mi cama al anciano, me dijo que, antes de visualizar eso, estaba soñando con dos represas; una con el agua revuelta y azul, y la otra en calma, y también azul. Al preguntarle a otra persona el por qué de ese fenómeno, le dijeron que eran los tiempos que estábamos viviendo. Este preso tiene mucha fe en Cristo, pero se niega a convertirse, es un mundano.

No sé si el Señor me está dado facultades especiales, pero debemos meditar y orar acerca de todas esas cosas. Algo más, me he dado cuenta que, cada vez que ayuno los domingos, se va alguien en libertad. Hoy ha sucedido lo mismo en este piso. (...)

Hasta aquí los fragmentos fundamentales de la carta de Jorge. Precisamente, hablando sobre este tema con Ramiro, (con quien, hasta un tiempo después de salir en libertad, no había tenido un diálogo sobre el particular), conocí experiencias y apreciaciones suyas al respecto. Valga señalar que Ramiro es muy observador. Aunque a veces pueda parecer ausente, o inmerso en una meditación profunda, está alerta de cuanto sucede a su alrededor y, en ese caso, de ocurrir algo que despierte su interés, es capaz de dedicarle toda la atención sin mayores alardes. Tal vez esa habilidad la haya adquirido por los tantos años enseñando a tocar guitarra, y otros instrumentos musicales, a niños y jóvenes. Lo cierto es que ha sido capaz de transpolar, a la cotidianidad, las actitudes que exige su profesión, y los resultados obtenidos son positivos. De no ser así, no tuviera la capacidad para realizar observaciones tan agudas, y llegar a conclusiones tan inteligentes y acertadas como las suyas.

Me asegura él que nunca, en todo el tiempo que estuvimos en la cárcel, asistió de manera visible a una manifestación satánica. Sin embargo, sí fue testigo de más de una acción diabólica, y tomó parte en cruentas batallas espirituales, de las cuales logró salir en victoria, gracias a la unción derramada sobre su alma por el Altísimo. Lo que recuerda con mayor intensidad, fueron esas mañanas en las que, desde el amanecer, se percibía la presión maligna sobre todos los hombres allí reunidos.

Esos días, sin necesidad de más argumentos, sabía que algo malo ocurriría. Entonces, no tenía por qué esperar más; desde el mismo momento en que lo notaba, comenzaba a orar, a alabar al Señor, a realizar lecturas bíblicas... Al final, el triunfo era comprobable, pues, si bien no podía evitar el

fenómeno que el Espíritu Santo me había permitido detectar,
por lo menos, lo alejaba de mi celda o de mi destacamento.

Ahora a mi mente vienen también aquellos rostros plenos de venganza o de maldad, destellantes de la violencia contenida en su interior puesto allí por obra demoníaca. Y coincido con Ramiro, cuando sostiene que muchos de esos demonios no pueden vivir en otro lugar que no sea la prisión. Por eso se explica los casos de hombres que han perdido el hábito de la vida en libertad, y prefieren vivir entre rejas. Esos son los que no han acabado de salir, y cometen cualquier fechoría, para volver allí. Pero resulta que no es su voluntad la que se cumple, sino la de Satanás, quien induce al poseso a delinquir, para lograr que su soldado regrese a donde le es más favorable actuar; a donde puede erigirse capataz, y campear con plenitud. Casos de ese tipo son numerosos en Las Mangas, y si son peligrosos para la sociedad en sus brevísimos intervalos libres, así son de peligrosos para sus compañeros de celda o para cualquier otra persona que se les acerque.

Esos mismos, por lo general, son los que convierten su cuerpo en un lienzo pleno de ilustraciones: la práctica del tatuaje, tan corriente en la antesala del infierno, es de las muestras más evidentes de la posesión demoníaca. No se equivoca Ramiro en su comentario, cuando señala que aquellos que dibujan en su piel imágenes de santos, casi siempre son los que albergan los hijos del maligno más violentos. Dice mi hermano en Cristo que, sin dudas, existe una correspondencia entre esas figuras de ídolos, los que la plasman en su epidermis, y los demonios que los poseen, pues, al parecer, los corresponsales del mal están directamente asociados con deidades paganas y, al introducirse en un cuerpo, o inducen al individuo a grabar en forma de monograma la imagen o se aprovechan de quienes se les adelantan, propiciando la posesión al tatuarse. Estas conclusiones son fruto de la observación; no poseen base científica que la sustenten. Sin embargo, no dejan de tener certeza, pues precisamente ese es un método validado por los investigadores. Y después de casi cuatro años alternando con endemoniados, ¿cómo no reconocerlos a simple vista? ¿Cómo no descubrir sus manifestaciones? ¿Cómo no identificarlos?

Con una chispa de luz en los ojos, y tal vez con cierto alborozo, Ramiro me contó la anécdota de una de sus victorias frente a un enviado del mal. Compartía el pasillo, que es como decir casi una vida en hogar, con uno de esos posesos a quien todos llamaban Figa. Este hombre, designado por las autoridades como mandante, cargaba sobre sus espaldas (y quizá, en su conciencia), un asesinato. A pesar del carácter violento del "gorila", mi hermano gozaba de su aprecio; a lo mejor por compartir el mismo ámbito vital, a lo mejor por las fuerzas del bien que rodeaban al enviado de Cristo, lo cierto es que el asesino llegó a hacerle confesiones, entre ellas, la imposibilidad de dormir en paz, pues siempre había algo que lo hostigaba, produciéndole malos sueños, pesadillas, desvelos... El confesor le decía: "Ese es el demonio del hombre que mataste".

Cuando Figa fue trasladado a otro destacamento, nuestro hermano heredó su cama que estaba en una esquina; posición privilegiada y ambicionada, por los habitantes de la celda, además, con buen colchón. "Tenía privilegios de mandante", decía Ramiro con jocosidad. Pero, desde la primera noche, le fue imposible conciliar el sueño. Las mismas manifestaciones que percibía Figa, ahora lo hacían víctima, es decir, el asesino se había ido; sin embargo, el demonio continuaba hospedado allí, tal vez en el colchón. "Tuve que reprenderlo fuertemente, en nombre de nuestro Señor Jesucristo", recordaba. Sólo al tercer día logró librar su nueva cama del soldado de Belcebú, que intentaba reinar en ella. No obstante, este no se fue de la celda; pudo comprobar que sólo se había trasladado para la cama de la esquina opuesta donde, desde entonces, nadie más pudo conocer el sueño tranquilo. Entre los que pasaron por aquel sitio, hubo un hombre que, en plena madrugada lo despertó, para pedirle que orara por él. Por supuesto, el siervo de Dios no dejó abandonado al indefenso, quien le solicitaba ayuda. Tampoco logró que el infeliz regresara a su cama; por esa noche se conformó con dormir en un colchón, al lado de la cama de Ramiro y, al día siguiente, se trasladó a otro lugar.

Sin embargo, aún cuando Jorge, Ramiro y yo partimos varias lanzas en el enfrentamiento con las fuerzas del mal, considero, sin temor a la equivocación, que nuestro hermano Lino fue quien más cruenta batalla hubo de asumir. De los cuatro, al ser separados por diferentes destacamentos, fue él quien recibió la ubicación más desventajosa. El destacamento tres, donde lo situaron, es el de los presos con condenas mayores; incluso, la pena de muerte. Por lo general, los que allí cumplen sanción, son asesinos. Algunos reincidentes, algunos connotados, algunos de violencia extrema.

Las celdas de ese piso son de seis personas solamente, y en no pocas ocasiones ocurrió que el único que no tenía sobre sus hombros la carga de un homicidio, era Lino. Los otros cinco de la celda casi siempre llevaban ese pesado fardo. Quiere decir con esto que, precisamente, en esa parte de la prisión, es donde habitan los demonios más peligrosos.

Muchos hombres me contaron que, a la hora de cometer asesinato estaban tan fuera de sí, que ni siquiera sabían lo que habían hecho. Tomados por huestes satánicas, los homicidas actúan sin concienciar el acto que realizan, y sólo con posterioridad, su conciencia se remuerde. Satanás paga mal a quien le sirve: ese era el caso de los hombres que rodeaban a Lino. Recuerdo a un muchacho con quien compartí celda, cuando todavía éramos pendientes, que esperaba sanción por acuchillar a un tío. Me dijo que se enteró del porqué de su encarcelamiento, cuando algún familiar le voceó, desde la calle, el motivo de su detención. Es sólo un triste ejemplo de la acción demoníaca sobre las personas quien queda a merced del dueño del averno; finalmente, se convierte en un lamentable despojo humano.

Con esas personas convivía mi hermano en Cristo. A ellas era a las que llevaba la luz del Evangelio, y tuvo grandes logros. Esos individuos, repudiados por la sociedad, sentenciados al aislamiento, casi por el resto de sus días, recibían un baño de agua fresca cuando se enteraban de que alguien, con poder insuperable, podía salvarlos. La alegría se instalaba en sus corazones, al reparar en el hecho de que Jesucristo no despreciaba a las ovejas extraviadas. Era un bálsamo, en la conciencia de estos marginados, la Palabra de Dios. La esperanza de la redención hacía de los discípulos del servidor del Altísimo, seres muy receptivos.

Si bien la gloria del Creador crecía, con el sólo hecho de que esa estirpe de enajenados dedicara parte de sus jornadas al estudio de las Escrituras, también aumentaba la furia del maligno. Por cada frase salida de la boca de Lino y sus comuneros, en alabanza al Omnipotente, un desesperado coletazo hacía sentir el canciller de la maldad. La paz alcanzada con el mensaje divino era interrumpida por la guerra desatada por las fuerzas del daño. Era una lucha sin cuartel, donde no se sabía bien qué ocurriría al momento siguiente: sólo la perseverancia y el valor puestos en Lino por Cristo hacían posible la continuidad de la misión.

Pero el mal se vale de las artimañas menos pensadas en su intento por doblegar el justo. Y ya que Lino, espiritualmente, era pieza de hierro incorruptible, atacó con saña su carne. Era la época en que las neuropatías derrumbaban hasta los hombres más fuertes, dejándolos en lamentable estado. No pocos quedaron inválidos para el resto de sus vidas, al sufrir cualquiera de las manifestaciones de esa dolencia que, si en la población civil hacía daño por la falta de vitaminas esenciales para el organismo y otras agravantes determinadas por los especialistas, ¡qué podría ocurrir en la prisión, donde el acto de ingerir alimentos era un procedimiento automático, pues la calidad de lo que se ofertaba era verdaderamente penosa!

A todas luces, Lino fue víctima de la enfermedad. Aunque, al cabo del tiempo, cuando los médicos no lograron detectar el origen de los inmensos dolores y las parálisis que le impedía el movimiento de casi todas las articulaciones, confirmamos que era flagelado sin compasión por Satanás. En una carta, con fecha de enero de 1997, un año después de los momentos más críticos, mi hermano me narró su angustioso dolor:

Un día, en medio del sufrimiento atroz que soportaba, debido a aquella enfermedad, al acostarme, le pedí al Señor en oración que me mostrara contra quien luchábamos. Recuerdo que, esa noche, la fiebre fue bastante alta. Apenas me quedé un rato dormido (me suministraron cuatro pastillas de meprobamato, al 100%; medicamento antiinflamatorio, que actúa directamente en el sistema nervioso), tuve una pesadilla, aunque no soy un hombre acostumbrado a sufrir trastornos en el sueño. Me parecía que me halaban, tomándome por los pies, como queriéndome arrastrar fuera del lecho. Me halaba alguien que se encontraba detrás de la cepillera, exactamente entre mi cama y la del otro preso (yo había quitado mi cepillera, porque me molestaba por la intranquilidad de mis noches). En ese momento, vi claramente que quien me tenía asido por los pies era una forma humana de color negro, alta y un poco delgada, con cara parecida a la del rufián que nos molestaba hace un tiempo atrás. Entonces, la reprendí en nombre del Señor, y me soltó, desapareciendo en dirección al baño.

Cuando todo comenzó, y se hicieron insoportables los dolores, en todas mis articulaciones aparecieron como unos arañazos; algunos bastante perceptibles, otros más tenues. En la espalda, parecía que me habían golpeado con un mazo (...) En otra ocasión, era mediodía. No había pegado los ojos la noche anterior ni por la mañana. Me angustiaba mucho, y pensé que mi final había llegado, de tan mal que me sentía. Blasfemé, y estaba tan irritado, que pedí irme de mi cama. Huí, tratando de ver si, en la última, me quitaba un poco de aquella tortura. Fue en ese momento de desespero que, al mirar hacia un macramé colgante del techo, vi en una estrella de papel, dos ojos que me miraban fijamente.

Comprendí que eran los ojos de Dios, mirándome con compasión, como diciéndome: "Clama que oiré, te voy a responder, yo cuido de ti". Así lo interpreté; entonces, me inspiré e hice una oración corta, bella y tan llena de fe, que los demás muchachos la copiaron. Le pedí a uno de ellos que me leyera el Salmo 91, y entonces me quedé profundamente dormido.

Lino llegó a estar en estado tan penoso, que no podía siquiera ir solo al baño. Sus compañeros de celda tenían que conducirlo hasta la hora de realizar sus necesidades fisiológicas e higiénicas. Le era imposible realizar los movimientos vitales de traslación y su malestar se acrecentaba, por la lejanía de los familiares, tan importantes en ocasiones como esas, cuando la soledad y la dependencia de los demás aumentan. Asimismo, la falta de atención médica adecuada hacía más feroz el mal. Por otra parte, el ataque satánico había previsto, también, el aislamiento absoluto. A nosotros se nos hacía imposible ir hasta donde él se encontraba para llevarle aliento y orar por él. Nos desesperábamos en nuestras respectivas celdas, al tener noticias del deplorable estado del hermano, y de nuestra imposibilidad de poder correr en su auxilio. Por esos días, la vigilancia en la cárcel estaba multiplicada; por tanto, más férrea, lo que desbarataba cualquier intento nuestro de llegar al destacamento tres.

El maligno lo había avizorado todo en su empeño por desactivar la obra evangelizadora en esa parte de la Iglesia del Silencio. Sólo la fe de Lino y la nuestra, podría darnos la victoria, y así fue. En mi diario, hice el siguiente apunte:

jueves, 18 de enero de 1996

Ayuno por mi hermano Lino, y por la paciencia de mi hermano Jorge. Esta misma mañana, comencé a ver los resultados. Vi a Lino, y pude orarle, poniéndole las manos en las rodillas, las cuales son sus partes más afectadas. El ayuno lo suspendí alrededor de las cuatro de la tarde.

Recuerdo con nitidez aquella jornada. Mi destacamento iba para el soleador, cuando vi a Lino. Lo traían dos compañeros suyos de celda; desde el inicio de su enfermedad no había podido verlo, y se encontraba en un estado más deplorable de cómo lo imaginaba. Me quedé en el comedor con él, y comencé a leer unos pasajes de la Santa Biblia. Satanás intentó una escaramuza, pero, atemorizado, huyó: el reeducador llegó al lugar y nos dijo que no podíamos permanecer allí. Sin embargo, se marchó rápidamente con evidente estado de nerviosismo, y no volvió a molestarnos. Me arrodillé y oré. El Espíritu Santo tocó los corazones de los que estábamos en el sitio, y todos llorábamos. Cuando concluí la oración y retiré las manos de las adoloridas rodillas de mi hermano, él se paró y comenzó a caminar. ¡Gloria a Dios! Parecía algo increíble. Los presos que lo acompañaban quisieron ayudarlo a subir las escaleras, pero él se los impidió. ¡Subió, sin ayuda, hasta el tercer piso! ¡Nadie más que Jesucristo podía lograr tal milagro!

No obstante, sentí que la obra no estaba concluida, que esa era una victoria parcial, una evidencia que el Señor estaba con nosotros. El Espíritu me decía que debía ir hasta la celda, para reprender a los demonios enviados por el maligno, como verdugos de Lino. Pero el propagador del mal se resistía a perder la batalla. Las restricciones que me impedían subir al tercer piso, continuaban; la intención de reducir a un guiñapo a mi hermano en Cristo, se mantenía en pie. Dos días después del suceso anteriormente narrado, apunté en mi diario:

sábado, 20 de enero de 1996

Estoy muy preocupado por mi hermano Lino. Me dijeron que está muy mal. Anoche tuve un sueño con una serpiente; era enorme, y estaba enredada en un bejuco, al parecer, haciéndose la muerta. Fui hasta la parte baja de la planta y corté el tronco principal. Al caer la enramada, traté de esquivar. No obstante, la ortiga me cayó encima, produciéndome picazón. La serpiente también se vino al suelo, pero se convirtió en hombre y peleaba con Lino. Mi hermano necesitaba ayuda. Luego pasé por frente a su casa y, al entrar, Macusa, su madre, me abrazó anegada en llanto.

Este sueño fue revelador: la lucha de Lino era más dura de lo que imaginábamos. Tal vez nunca lleguemos a ponderar hasta qué punto estuvo en peligro. No podíamos abandonarlo ni un instante. En la iglesia de nuestra localidad, oraban por él. El pueblo unido de Cristo pedía al unísono por el siervo en manos satánicas. En la Iglesia del Silencio, no deteníamos las peticiones de misericordia y las alabanzas a Dios. Así fue como, a pesar del rigor carcelario, pude ir hasta su celda. ¡Gloria al Señor! Desde mi entrada en aquel recinto, percibí la presión demoníaca. Después de la represión, fue evidente el aflojamiento de las tensiones. Hubo liberación espiritual allí, donde Belcebú intentó exterminar a un hijo de Jesús.

Nuestra victoria fue rotunda: Lino hoy camina normalmente. El Creador lo salvó de la parálisis a la que lo condenaba el enemigo del hombre, por predicar la Verdad.

Jesucristo prefirió que una piara inmensa se precipitara al abismo, antes de permitir que una legión de demonios continuara hostigando a un infeliz, aún siendo hijo de tierras paganas. Asimismo, le dio poder a sus discípulos para combatir a los espíritus del mal, y aquellos fueron por todas partes, alumbrando el camino de los hombres en nombre del Señor. En las Santas Escrituras está trazado nuestro camino: los destellos del faro del bien encuentran en estos siervos suyos combustibles para avivarse.

En el camino del Altísimo, podremos ser atacados por invasores satánicos, pero no destruidos. La armadura de Dios nos protege, y nuestro es el mensaje: "Estad, pues, firmes, ceñidos vuestros lomos con la verdad y vestidos con la coraza de justicia y calzados los pies, con el apresto del Evangelio de Paz. Sobre todo, tomad el escudo de la fe, con que podáis apagar todos los dardos de fuego del maligno. Y tomad el yelmo de la salvación y la espada del Espíritu, que es la Palabra de Dios" (Efesios 6:14-17).

ocho

Generales de Satanás

Por cierto tu malicia es grande, y tus maldades no tienen fin.
—JOB 22:5

El libro testimonio *Presidio modelo de Pablo de la Torriente Brau*, lo leí estando en la cárcel. Y cuál no sería mi sorpresa, al comprobar que, seis décadas después de la redacción, los hechos que narraba subsisten hoy en día, en los que él llama el "estercolero de la sociedad", o sea, el presidio. Aún cuando el inexorable tiempo revoluciona la vida de los hombres, aún cuando los acontecimientos históricos suponen cambios irreversibles en la sociedad, allí, entre las rejas, continúan sucediéndose los mismos actos. Cambian los ejecutores, varían los contextos; es otro el sistema social. Sin embargo, la esencia de transcurrir, es la misma: personas sin identidad, tomadas por el propagador del mal; seres perdidos en el marasmo de la traición, el crimen y la venganza, individuos cuya frustración se manifiesta en la violencia. Ejemplares humanos desbordados por entupidos complejos y tristes necesidades, que poco tienen que envidiar a irracionales animales. Débiles ovejas, perdidas y engañadas, con ropaje de hienas.

Asumo las frases del cubano-puertorriqueño muerto en la Guerra Civil Española, introductorias de la novena parte de su testimonio:

Mi palabra no sirve para transcribir, con la fuerza con que las siento vibrar en mi imaginación, las bárbaras escenas del presidio. (...) ¡Eso será mi palabra: intento inútil de transferir mi emoción interna, anhelo reiterado de trasponer por el cristal de la pupila, por el humo de la voz, el mundo de sombras, de pavores, de siniestros estremecimientos que, como élitros trémulos de mi escarabajo traspasado por un alfiler, vibra en mi interior al evocar los recuerdos de los relatos del presidio!

Tres son las leyes que rigen las relaciones sociales y la vida en general detrás de los barrotes: el vicio, el juego y la perversión sexual. Sólo los hombre protegidos por la armadura de Dios son capaces de resistir, indemnes, las tentaciones demoníacas. La mayoría de los presos comunes suelen incurrir en alguno de esos pecados, si no en todos a la vez. Marginados por la sociedad, como se sienten, se alucinan al encontrar, en estas faltas, salidas de las necesidades espirituales y materiales que corroen sus días, en la búsqueda de un supuesto alivio. Así, venden sus almas al diablo, quien les muestra un mundo ilusorio como jardín de piedras preciosas, tras del cual se esconde el miedo devastador, el asesinato justificado por la más inverosímil causa, el espaldarazo traicionero, la insidia corrupta.

El terror impuesto por el más fuerte, o el más hábil, por lo general, conduce a la manada de débiles. Aquellos, erigidos líderes por voluntad propia o por disposición de la autoridades carcelarias (las cuales suelen ubicar en los puestos de mandato a esos individuos), se valen del chantaje y del abuso para doblegar a la masa. ¿Quién se revela ante el asesino, que siempre tiene a mano un arma letal? ¿Quién viola la autoridad del que, respaldado por la jefatura militar, hace y deshace a su antojo? Nadie levanta su mano contra esos servidores de Satanás, si no es resguardado por la sombra que el mismo dueño de la maldad proporciona. Una cuchilla nocturna, un golpe por la espalda con un objeto contundente, una porción de excremento lanzada al paso pueden ser formas de venganza. Las maneras humanas no tienen cabida entre quienes se perdieron por el sendero diabólico. Sus actos semejan los de las fieras en la selva; siempre al acecho de la presa, y ¡cuidado del que se interponga en su camino! Sus acciones conducen a la corrupción, al daño, la agresión o la muerte.

Entre esos seres, hay los que nunca pueden dormir: saben que, tras las miradas, aparentemente sumisas de quienes son dominados por ellos, se esconde el oportunismo. Un pestañazo puede costarle la vida, el mínimo descuido puede lanzarlo al piso, con la sangre manando de su cuerpo. La ínfima muestra de debilidad, puede significar el derrumbe de su mandato. De esta forma, su reinado es su propio infierno. Ya se dijo: Satanás paga mal a quien bien le sirve. Ninguno de ellos, ni aún el que se muestra más benévolo o conciliador, deja de incurrir en los males, que le hacen ganarse el odio, la repulsión, el rechazo del resto del colectivo de reos.

Es el caso, por ejemplo, de un mandante que se presentaba como persona de bien. No se le escuchaba rugir a todas horas como a otros; no solía cometer abusos como otros. A simple vista, se hacía pasar como justiciero. Sin embargo, era un maniático acomplejado. Era él quien sacaba a los presos al salón del televisor por las noches, y más de una oportunidad, cuando la ansiedad de la distracción consumía a los hombres, junto con algunos de sus secuaces se encerraba a ver la televisión, sin permitir a los demás ese derecho prescripto en las normas carcelarias. Su aberración llegaba al extremo, cuando permitía a quienes acataban sus órdenes, disfrutar de la programación, y no admitía el mínimo comentario entre ellos. Un rumor, una conversación, podía ser el final de la velada. Cualquier detalle lo asumía como desacato a su autoridad o como un problema personal.

Pero tal vez no sea ese el ejemplo más curioso; si algo tiene la cárcel es su capacidad para asimilar una infinita cantidad de manifestaciones malignas. Estos recintos son mosaicos inmensos de todo lo despreciable que regó la fuerza del mal sobre la tierra. Hablando en términos agrícolas: allí están todos los viveros satánicos, donde germinan las semillas de la más amplia gama de aberraciones humanas, donde reverdece la destrucción y el desasosiego.

Otro mandante tenía por libro de cabecera el titulado: *La fuerza de la voluntad*. Literalmente, diabólica, sin duda. Este hombre era capaz de estar hasta seis meses sin intercambiar palabra con nadie. Dirigía a los presos, y dialogaba con los guardianes a través de señas, pues, de esa forma, cumplía su cometido de mantenerse en silencio, haciendo gala de cuanta fuerza de voluntad era capaz de desplegar. Asimismo, por épocas, dormía en el piso anegado en agua, sin ningún tipo de protección. Sus manías, asimiladas de sus lecturas, le hacían autoimponerse ese tipo de gravámenes y le preparaban para realizar alguna fechoría de envergadura al final del autocastigo. Los compañeros de piso le temían por eso mismo; sabían que, cuando decidiera dejar esa posición, estaría absolutamente preparado para agredir a alguno de ellos o cometer algún asesinato sin importarle nada más. Tal era su método; a lo mejor, emparentado con algún rito diabólico, para ejecutar sus repulsivos actos. Esa era su manera de rendir culto al comandante del infierno. Tales eran sus ofrendas.

Hay otros presos que tampoco dormían, pero su particular era diferente: a ellos les alcanzaba el amanecer jugando. El juego ha llevado a la perdición a más de un hombre entre los barrotes. Es frecuente verlos durmiendo en el colchón descubierto o en la tabla de la cama, pues hasta el mismo colchón pierden. Y ni hablar ya de las sábanas, la ropa, los alimentos, los útiles de aseo...Todo, todo lo que tienen a su alcance, lo apuestan. Uno de esos empedernidos me confesó, en una ocasión, que su casa y la de su madre las había perdido varias veces. Y aún así, no podía desprenderse de esa manía. Estos individuos son los mismos que hoy desbordan de bienes materiales, ganados durante la noche. Sin embargo, al día siguiente, piden de favor una ayuda, pues les tocó el plato vacío de la balanza.

El juego es ese "amigo" de doble cara: un día mira con la sonrisa a flor de labios, y todos envidian al elegido, por tanta suerte; pero a la jornada siguiente, se torna con el rostro de la maldad, y entonces el desprecio cae sobre el desgraciado que, desposeído de cuanto tenía, mendiga la caridad. No obstante, los hombres, dados a la nefasta práctica no reparan en ello. Su esperanza representa la próxima ocasión, la cual será la suya. Y en ese ilusorio contrapunteo, llegan a arriesgar hasta su propia vida.

Con frecuencia, las partidas concluyen con salpicaduras de sangre. El juego es una de las causas principales de riñas, agresiones y asesinatos en la cárcel. Lo comprometido en una apuesta se convierte en cuestión de honor; algo sensitivo entre los prisioneros. Quien se arriesga a faltar a las leyes dictadas por los jugadores, sabe que lo hace, poniendo en peligro su existencia. Asimismo, quien se enrola por primera vez en una partida, difícilmente logra desprenderse del mecanismo diabólico que le obliga volver una y otra ocasión al ruedo; aún, en contra de su voluntad. La ambición ciega a los incautos, y la búsqueda de horizontes, por sendas equivocadas, sólo lleva a las puertas infernales.

Empero, la mayor causa de conflicto entre barrotes es el homosexualismo: también es una de las manifestaciones de degradación humana más patentes. Otrora, se dice los individuos abiertamente homosexuales eran recluidos aparte del resto de la población penal. Sin embargo, esa práctica ya no es usada. Actualmente, las celdas son compartidas por todas las personas, sin importar su orientación sexual. El aislamiento de la sociedad conduce a gran número de hombres a sucumbir ante los lazos tendidos por la tentación de la carne. Por lo general, los individuos sancionados a muchos años de prisión encuentran, en otros, la posibilidad de desahogar sus instintos masculinos e, incluso, femeninos. Lo que fuera de la cárcel es tabú, allí llega a emparentarse con la normalidad: dos hombres formando pareja estable, conviviendo como matrimonio, compartiendo la misma cama, realizando actos sexuales en la vecindad de los demás reos. A veces, en celdas de 24 personas, sólo una minoría de cinco o seis no realizan esa práctica censurada por las Santas Escrituras.

Casi siempre, los muchachos jóvenes que han sido situados entre presos de mucha experiencia, son las principales víctimas de la perversión. Algunos de ellos llegan a la cárcel desconociendo esa faceta y, luego de ser conducidos a ella, ya sea por la fuerza o la violación, ya sea por el convencimiento engañoso, o por cualquier otro método, se convierten en peligrosos seres esparcidores del daño.

Por uno de esos muchachos puede armarse el conflicto más serio que se pueda imaginar: los celos acechan a cada uno de sus actos. Como codiciadas mujeres, son objeto de la tentación. Los hombres que contraen compromiso con ellos, les defienden a capa y espada, como se defiende en el campo de honor la causa justa.

Separar a una de esas parejas puede convertirse en un serio problema para las autoridades y más aún problemático, puede ser el intento de otro individuo de ganarse el favor de uno de los miembros del dúo. También, en varias ocasiones de esa índole con los presidiarios. En la prisión nueva de Granma, se dio un caso en que una larga lista se vio comprometida y algunos de sus integrantes portaban el uniforme de guardianes.

Ocurrió que un cautivo villaclareño llegó al recinto anunciando su enfermedad: SIDA. En la prisión de su provincia, la había contraído por contagio voluntario, a través de la sangre. En el tiempo en que estuvo en la celda normal, junto con los demás reos, tuvo relación carnal con un connotado homosexual. Mientras los análisis del villaclareño iban y venían de La Habana para comprobar la veracidad de su enfermedad, éste fue trasladado para una granja. Entonces se armó la alarma mayúscula, cuando llegaron los resultados de las pruebas de sangre: efectivamente, dieron positivo. Quedaba entonces, como suele ocurrir en estos casos, detectar la cadena de contagiados. El primero en ser localizado fue el connotado homosexual, quien hubo de contabilizar a aquellos que habían sido sus amantes. Y cual no sería la difícil situación para las autoridades, al corroborar que algunos de los miembros de las fuerzas del orden, estaban implicados en el escándalo.

Luego de esto, el villaclareño fue trasladado a otra celda, donde recibía atención especial. Sin embargo, allí volvió a protagonizar otro suceso interesante: esta vez no fue un acto homosexual; sino de suicidio masivo, si así puede calificarse la decisión de varios hombres de contraer voluntariamente una enfermedad para la cual aún no se conoce antídoto en el mundo.

Gracias a Dios, esta vez las autoridades detectaron a tiempo la intención que se fraguaba. Del tercer piso, había sido enviada una jeringuilla para realizar el tráfico de sangre contaminada por el SIDA. El propósito de varios condenados a más de 20 años de privación de libertad, era inyectarse la enfermedad. Los centímetros cúbicos de sangre serían pagados casi en oro, según el canje carcelario: cinco cajas de cigarro... ¡Vaya intercambio!

Pero si analizamos con rigor este suceso, al igual que otros, en los cuales los hombres buscaron el contagio de la tuberculosis, lográndolo al final, descubrimos en el fondo a seres desesperados y descristianizados, sedientos de una luz que diera sentido a sus vidas. Para ellos, era preferible abreviar su agonía, a tener que permanecer mucho más tiempo en condiciones tan deplorables, tan inhumanas. El sufrir una de esas enfermedades contagiosas, significaba una mejoría, en la calidad de vida. Eran trasladados a celdas con mejores condiciones, aislados del resto de la población penal, o eran llevados a la enfermería o a una sala de hospital, lugares en los que, aun manteniendo la condición de presos, gozarían de atención especial menos rigurosa. Triste salida aquella que conduce el desconocimiento de la Palabra de la Verdad; es un abismo al que empujan las fuerzas satánicas.

Otra pincelada del mundo homosexual de la prisión representan los cuerpos de sirvientes y harenes que los mandantes tenían a su alrededor. Los seleccionados por el "gorila", en número de cuatro o cónico, tenían a su cargo el lavado y zurcido de la ropa, la limpieza y otras obligaciones que, en la vida conyugal, usualmente corresponde a la mujer. En época de calor, estos afeminados son los encargados de abanicar constantemente a su protector y amante cuando el duerme a pierna suelta, mientras se entrega al descanso, pues, incluso durante la noche, deben turnarse al lado de su cama, para refrescarle el cuerpo y estar atentos a lo que acontece en la celda. No pocas madrugadas, los presos se despiertan por la algarabía del mandante y su "concubina" de turno, pues aquel descubre, por ejemplo, que éste ha dejado de echarle aire.

En alguna ocasión, el siervo de Dios fue tocado por los enviados del mal. Sin embargo, la misericordia de nuestro Señor es superior a cualquier acto humano o diabólico. Cierta vez fui robado, mientras me encontraba en el patio. Una intranquilidad inusual me atormentaba ese día, cuando tomaba el sol. Sabía, aunque los muros me impedían ver, que algo acontecía en relación con mis pertenencias. Al regresar a la celda, comprobé que, efectivamente, mi propiedad había sido violada. Varios objetos me fueron sustraídos del canguro. Momentáneamente, reaccioné como un preso cualquiera, ofendiendo a ciegas a quien se había atrevido a tal afrenta. No sabía ni imaginaba quien habría podido ser, pero, de esa manera, intentaba averiguarlo. Luego fui al baño a orar, a pedirle discernimiento al Señor.

Entonces fue cuando el mandante de la celda se me acercó, diciéndome quienes habían sido los agresores: un hermano suyo y un famosísimo secuaz de Satanás. También me dijo que él se encargaría de buscar mis pertenencias, pero a esa altura, me encontraba imbuido por la comunión cristiana, y le pedí que no lo hiciera. Ya no me interesaban esas cosas materiales, y Dios sabría qué hacer con los ladrones. Después continué orando, pidiéndole a Jesucristo un castigo justo para los malhechores. Esa noche tuve un sueño revelador, del amor del Señor por todas sus ovejas, incluso las descarriadas, y de lo incorrecto de mi petición.

Me encontraba en el campo de pelota de mi pueblo, y veía a Allen trepado en un árbol, cuyas ramas daban sobre un arroyo que por allí corría. La corriente del agua estaba turbulenta y fuerte, y mi primogénito caminaba por una rama débil que, de partirse, iría a caer en medio del arroyo, y sería arrastrado. Al percatarme de la situación, comencé a correr en pos de mi hijo y pedía a Dios, a vivo grito, que me impidiera lo peor. A medida que me acercaba al lugar, Allen avanzaba hacia el peligro y más fuertes eran mis clamores, hasta que el niño cayó al agua; cayó en la orilla, donde no podía ser llevado por la corriente. En ese momento, una potente voz me dijo: "¿Te gustaría perder a tu hijo? ¿Por qué, entonces, me pides castigo para el mío?".

Cuando me desperté, me arrodillé a orar por la salvación de aquellos que habían atentado contra mi propiedad. Después de eso, nunca más volvieron a agredirme de esa forma. Por el contrario; el ladrón me pedía, a través de otros presos, que orara por él.

Y, a partir de ese momento, se convirtió en una especie de guardián voluntario de mis pertenencias.

Este hombre, auténtico seguidor de Satanás, tenía la facultad de implantar el terror a diestra y siniestra en el piso donde nos encontrábamos. Estaba calificado entre los más peligrosos del penal: agredir con un arma blanca a otra persona era para él algo tan sencillo, como el más corriente de los actos humanos. No tenía complexión robusta; sin embargo, poseía la habilidad de un felino, y de esa manera se imponía. Se hacía respetar por todos aquellos que, al no poder igualársele, trataban de evitar su presencia o ganarse su confianza a través de la lisonja. Pero, como en todos los casos, su desconfianza no tenía límites. También, como era usual, era esclavo del juego, del vicio y del homosexualismo. En una oportunidad, obligó a un joven, pareja suya, a quemar una Biblia. El muchacho, atosigado por la perdición, quiso buscar la salvación en el camino de Cristo, pero los lazos que le ataban al maligno eran más fuertes. El ladrón, en acto apóstata, le hizo reducir a cenizas el ejemplar de las Sagradas Escrituras y alejarse de sus propósitos.

Sin embargo, no siempre las fuerzas del mal se salen con la suya si bien era difícil lograr la conversión a la fe cristiana de uno de esos seres entregados en cuerpo y alma al diablo, tampoco era imposible. Para Dios, no existen barreras a la hora de ejecutar su plan. Eso fue lo que aconteció con otro famoso reo. Este hombre, procedente de una familia con posibilidades económicas, creía en el dinero y en los objetos como únicas fuentes de bienestar. Sus parientes, residentes en los Estados Unidos, con frecuencia enviaban recursos, los que permanecían en Cuba, para que se los suministraran a él. De esta forma, sus sueños volaban en esa dirección, pero, paradójicamente, a pesar de su favorecida situación económica, era adicto al robo.

En la calle, representaba un verdadero peligro, y por eso cumplía una condena considerable. Con todo, presumía de sus privilegios materiales, y hacía gala de su habilidad con las armas blancas. De esa manera, era respetado hasta por los representantes del orden, quienes le permitían desplazarse, como a otros, por pisos fuera del nuestro.

En una ocasión en que le fue aplicada la sanción mínima y fue trasladado a una granja, se dio a la fuga. No bien llegó al nuevo lugar, donde los rigores eran disminuidos, cuando buscó la oportunidad y escapó. La vida de prófugo le duró poco, pero, al regresar a prisión, lo hizo comprometido con su mujer, a la que se había llevado a vivir a una casa de su propiedad en Bayamo. A partir de ese momento, devuelto a la prisión nueva, periódicamente le correspondía disfrutar del pabellón. Incluso, esta condición le hizo mejorar un poco su conducta.

Pero todo fue bien, hasta que recibió una carta de la mujer, que le decía que la relación tenía que concluir porque, económicamente, estaba en serias dificultades, y el hermano suyo, quien era receptor del dinero que enviaban desde los Estados Unidos para su atención, no accedía a darle ni un centavo más para su sustento y para llevarle a él lo necesario. Para él, esto significó una hecatombe, y decidió suicidarse. Como era usual, comenzó a vocear su propósito a todo pulmón, y obligó al guardián a abrirle la reja para, en el pasillo, ejecutar el acto, donde nadie podría impedírselo. En ese lugar, se practicó, con una cuchilla de afeitar, tres heridas en un brazo, afectándole arterias. Cuando pretendía cercenarse la aorta, una patada del guardián, en la mano, le hizo perder la cuchilla. Rápidamente, fue conducido a la enfermería, de donde regresó con varios puntos para cerrarle las heridas, y con un suero en el otro brazo.

A partir de ese momento, las autoridades me permitieron ir hasta su celda a predicarle, como último método al que podían recurrir para lograr que el enfurecido acólito de Satanás se controlara, aun en las condiciones en que se encontraba, vociferando que se suicidaría. Con la Biblia en la mano, yo intentaba quitarle de la cabeza la diabólica idea, pero su persistencia evidenciaba lo firme de su propósito: tal era el grado de desesperación, en que se encontraba sumido por una mujer.

No obstante, la fe que Dios me dio era más fuerte que su intención; no me dejaba convencer por sus repetidos argumentos, y yo no detenía las lecturas bíblicas. Tan fuerte fue la contienda, que llegó el momento en que me propuso un pacto: me pidió que intercediera ante Jesucristo para que su mujer volviera y, de ocurrir eso, se convertiría al cristianismo. Acepté, confiado en la benevolencia del Señor, y no detuve mis oraciones por su salvación.

No bien pasaron unos días, cuando fue a visitarlo el hermano. Pero, con toda la soberbia que lo caracterizaba, lo rechazó, diciéndole que se lo llevara a su mujer, y que le diera dinero, para que fuera a verlo. Poco después llegó una carta de ella, en evidente acto reconciliador. Más tarde, cuando ya había comenzado a desesperarse nuevamente, pues, como toda persona irascible, desconocía la paciencia, apareció la causante de tanta tragedia para felicidad suya. Al pasar frente a mi celda, cuando iba camino de recibir la visita tan esperada, él me dijo con ese vozarrón que lo identificaba: "A partir de hoy, pertenezco a Cristo".

En efecto, a partir de ese día, jornada por jornada iba hasta mi celda a acompañarme en el culto. Cuando salí en libertad, se mantenía en el camino del Señor y había reformado ostensiblemente su conducta. El título de fiel de Satanás ya no era suyo, y recibió el título de hijo pródigo del Magnánimo.

Sin embargo, por lo general, estos hombres que asumen el cristianismo exigiendo pruebas, no llegan muy lejos por el sendero de Dios. Cuando dejan de ver los frutos de sus antojos, se pierden, pues, en definitiva, no es fe verdadera. Muchos de los educados del diablo que se me acercaron en momentos de desesperación, clamando la misericordia del Señor, posteriormente volvieron a su vida mundana, al no comprender que la senda de Jesucristo no es de complacencia, sino de sacrificio y dedicación. Algunos, por el simple hecho de no ser visitados por los familiares, renegaban del Altísimo; otros, simplemente se perdían, al no saber discernir entre el paso correcto y la trampa tendida por el maligno.

En esta última situación, estuvo un bayamés, quien era conocido en el mundo de la violencia, por eso, más temido. Cuando llegó a mi celda, venía de ser apresado luego de una fuga de la prisión vieja de Las Mangas. En ese tiempo que estuvo prófugo, su esposa le predicó y lo introdujo por el sendero de la Verdad. Por eso, él se alegró de verme. Yo no lo recordaba, pero él a mí sí. En una ocasión, habíamos coincidido en una salida al hospital, y yo le había prestado ayuda, pues andaba con una pierna enyesada. Ese día, le llevé la Palabra a quienes me acompañaban, y mi rostro se grabó en su memoria. De esta manera, al coincidir conmigo en la celda, fue un gran alivio para él, ya que se sintió protegido.

Mientras estuvo dedicado al Señor, todo le fue bien y no dejaba de asistir a los cultos. Llegué a conocer a su esposa y dos hijos. También, alguna vez compartí con los hermanos bautistas que iban a visitarlo con frecuencia. Pero Satanás no podía permitir, con los brazos cruzados, que un alma se le escapara de esa manera. Así fue como lo llevó, nuevamente, a la violencia. Un tiempo después de estar en el destacamento, lo ubicaron en el puesto de jefe de disciplina, o sea de mandato, ahí comenzó a alejarse de la Palabra. La buena conducta que había mantenido pasó a ser historia olvidada;

no volvió a los cultos, y fue uno más de los tantos perdidos que pululan en la prisión. Más adelante, fue enviado a una granja, y ya para entonces desconocía, por completo, las enseñanzas de Jesús. Allí volvió a fugarse, y en la calle cometió otro delito: asaltó a un ciclista para robarle la bicicleta. Cuando regresó a la cárcel, su sanción había aumentado a 14 años de privación de libertad.

En todo el tiempo que estuve entre rejas, pude comprobar que los miembros de las fuerzas del orden son tan corruptos como los presos, y practican los mismos actos que ellos. Incluso, en repetidas ocasiones, eran ellos los que incitaban a los reos a cometer infracciones o, en otros casos, se convierten en cómplices. Casi tan marginados de la sociedad como los mismos condenados, llega el momento en que su espacio vital es ese; la única diferencia lo representa la prerrogativa concedida por su categoría. Sin embargo, en su desespero por sobrevivir a los imperativos impuestos por el sistema manipulador y expoliador, recurren a estos métodos como tablas de salvación, emparentándose con los presos.

De esta manera, el tráfico de drogas dentro de la prisión encuentra el pasillo más seguro por medio de los mismos transportadores de las nefastas sustancias: los encargados de mantener la disciplina han hecho, de la práctica, un negocio rentable. También son ellos los encargados de llevar bebidas alcohólicas a los privados de libertad.

Recuerdo un fin de año en que en las celdas se bebía tanta cerveza como en cualquier fiesta de pueblo. ¿Y de dónde procedía? Del ranchón cercano a la cárcel, habilitado para la recreación de los guardias y oficiales. Todo era muy sencillo: sólo había que pagar, y el hombre de la puerta mandaba a un colega suyo a realizar la compra. Más de una vez, el jabón y la pasta dental destinada a los reclusos, encontró cauce en el mercado negro de la calle a través de los vigilantes de la cárcel. Estos, en contubernio con los mandantes, se hacían de esos productos necesarios para el aseo personal y los vendían, compartiendo las ganancias netas con sus cómplices.

Los medicamentos destinados a la enfermería del reclusorio llegaban usualmente a los reos de terceras manos, o sea, de manera ilegal. Encontrar hasta una aspirina, en el botiquín de la enfermería, era muy difícil. Sin embargo, a veces, entre los intercambios de los presos entraban las medicinas, gracias a las ventas realizadas por médicos y enfermeros. Estos seudoprofesionales se lucraban a costa de la salud de los hombres imposibilitados de acceder a servicios hospitalarios rápidos y efectivos. En sus manos, han estado las vidas de varios de cientos de personas y, no obstante, ante los ojos bailan el pecado y la perdición. Igualmente están extraviados por los ilusorios jardines de prosperidad que el maligno teje para quienes le siguen.

Por mucho tiempo, consideré como generales de Satanás a esos hombres a quienes abrazan pactos diabólicos o que, tomados por demonios, actúan de forma vil. Sin embargo, he aprendido a ver en ellos a tristes seres confundidos por fuerzas bajas: no son más que instrumentos del diablo, para ejecutar sus actos sobre la faz de la tierra. Son infelices ovejas, cuyo mayor martirio es seguir al ángel caído. Su desorientación les sume en la mugre, en el cieno. Como ratas asustadizas, roen todo cuanto encuentran a su paso y, ante la menor alarma, huyen a las cloacas. Dignos de misericordia, alardean de fiereza; dignos de compasión, presumen de hombría; faltos de luz, se arrastran en la oscuridad.

Los verdaderos generales de Satanás son los males que corrompen a los hombres, y los reducen a despojos. El vicio, el juego, la perversión sexual, la ambición, la violencia, el individualismo, la traición... El único antídoto ante tanto daño, esparcido entre los hombres, es la Palabra de Dios: sólo Él es el camino, sólo Él es la Verdad. Sólo, en su omnipotencia, está la posibilidad para arrancar de las manos satánicas a las pobres almas engañadas. Sólo la fe verdadera, en su obra magnífica, ofrece el escudo para protegernos de los generales del mal.

nueve

La puerta del amor

Si yo hablase lenguas humanas y angélicas, y no tengo amor,
vengo a ser como metal que resuena o címbalo que retiñe.

—1 Corintios 13:1

Querida madre mía:
Que el Dios Todopoderoso te bendiga al recibo de esta
carta de felicitación, por el día de las madres. Espero que
su lectura sea motivo de alegría y no de tristeza, porque he
aprendido que ese sentimiento no tiene caída en nuestras
vidas. Somos libres por Aquel que nos tocó por sus hijos, y
cargó con todos nuestros sufrimientos. Gracias a Él, pude
conocerle antes de beber la amarga copa que hoy moja mis
labios. Los hombres que desconocen a Cristo aquí, sufren
mucho, pues el diablo se aprovecha para destruirlos en su
incredulidad; pero nosotros, cuando tenemos horas malas,
clamamos al Señor, y Él nos llena ese vacío tan terrible, como
lo es la ausencia de nuestros seres queridos. Yo te pido que,
en tus momentos de dolor, clames a Dios, y Él te ayudará.

Por ti, madre cubana

> *Dios bendiga*
> *a las madres cubanas,*
> *es la petición de los hijos en cautiverio*
> *a nuestro Señor,*
> *que con su misericordia nuestras almas llena.*

> *Aunque prisioneros en cadena*
> *nunca se han olvidado*
> *de estos pecadores.*

Gracias, madres,
por sus oraciones,
ruegos y peticiones
pues, en horas de angustia y tristeza,
cuando el alma necesita consuelo,
Dios nuestro
escucha los ruegos de las madres.

A usted, madre cubana,
que pide por su hijo en cautiverio,
rogando a nuestro Señor
que nos fortalezca en la aflicción,
cuando flaquea nuestra fe,
en medio de tanta tribulación...
Por eso, desde estas celdas
van nuestras almas, con amor,
pidiendo a nuestro Señor por ti,
madre cubana.

Cuántas cosas quisiera expresarle aquí...Todo el amor de un hijo que quiere a su madre ejemplar, la que hace tantos esfuerzos por él, quien cumple condena de ocho años de prisión, impuesta por Satanás y los hombres. Condena que se hace más fácil, gracias a la ayuda de Dios y de ustedes. Yo te agradezco todo lo que haces y puedes hacer por mis hijos: con su bienestar, me siento mejor. En su inocencia, a ellos les ha tocado sufrir por lo que no deben. A mí nada me asusta ya. A veces, pienso que siempre estaré sometido a pruebas y, de verdad, quisiera que todo lo malo de la familia me correspondiera sufrirlo a mí.

Toda preocupación, con respecto a mi persona, entrégala en oración a nuestro Señor, pues nada me va a ocurrir, si Él lo permite. La cárcel no es buena para nadie, pero, cuando se sufre por una causa justa, entonces uno se siente bien orgulloso, y ese es mi caso. "Bienaventurados sois cuando, por mi causa, os vituperen y os persigan, y digan toda clase de mal contra vosotros, mintiendo. Gozaos y alegraos, porque vuestro galardón es grande en los cielos, porque así persiguieron a los profetas que fueron antes de vosotros" (San Mateo 5:11-12). Así nos habla el Altísimo, y si confiamos en Él, ¿cómo sufrir, por tanto? Me siento dispuesto a morir, si es necesario, por esta causa. Todo lo que me mortifica es que ustedes no estén bien, que no haya completa armonía familiar. Satanás me hace daño en esto, pero estoy orando mucho, y Dios se va a glorificar en ello. Parte del plan divino es la edificación de nuestra familia en toda obra de justicia y amor. A mí fue el primero que me tocó, y ahora quisiera estar en casa para servirles, y no para ser servido. Siento intenso amor por todos y gran paz interna.

El demonio trata de enemistar a nuestra familia, valiéndose de las necesidades materiales que vivimos, pero todos sus métodos son derrotados por la fe en Cristo. La Palabra dice que resistamos al enemigo, que huye de nosotros; por lo demás, la prueba se prolonga, la vida se endurece, pero poderoso es nuestro Dios que nos edifica cada día, y pone sus armas a disposición de estos siervos suyos (...) Supe que, cuando Zoe vino al pabellón, no tenía dinero. Me lo dijo el día de la visita. Entonces, prefirió callarlo, para evitarme preocupaciones. Sin embargo, no me martirizó: doy gracias a Dios, pues si hubiésemos sido mundanos y no prevaleciera el amor de Cristo en nosotros, no hubiera asistido a nuestros encuentros con sobradas razones. Pero, en los caminos de Jesús, todo es diferente: el amor puede más que la necesidad.

Dile a mis hermanos que busquen a Dios cada vez que puedan. Hagan los cultos familiares, que son de mucha bendición. Seguro Nelita va en las vacaciones a la casa. Llévala a la iglesia, instrúyela en los caminos santos, pues en Bayamo corre el riesgo de perderse. (...) En las horas de amargura, siempre voy de rodillas delante de nuestro Señor y recibo consolación. En ocasiones, mis fuerzas flaquean. Sin embargo, en esas horas, es cuando mejor oro. A Dios no le gusta que andemos atribulados.

Madre querida:
De todas las cosas, lo que más me preocupa es la situación de mis hijos. Estamos viviendo tiempos malos y la presencia del Padre siempre es muy importante. Sé que ellos me quieren mucho, y que sufren por mí. Te pido, pues, que todo el cariño que puedas darles, se lo des. Yo te agradeceré eternamente. Perdónales las faltas que puedan cometer en algún momento contra ti, pero evita, en la medida de tus posibilidades, que se desvíen del buen camino: en mis oraciones le pido constantemente a Dios por ellos, y tengo la certeza de que nunca los abandonará. Por todo el tiempo que yo esté en la cárcel, Él evitará que se aparten de la Palabra suya, puesta en el corazón de ellos.

Mami:

Hace buen tiempo que no nos vemos; creo que, desde el año pasado, cuando las pruebas fueron muchas y duras. Todos fuimos golpeados, pero también vimos la mano de Dios ayudándonos. Sólo la comunión diaria con el Señor nos permitió rebasar las tribulaciones, aumentadas los últimos días, al parecer, como parte de la maligna obra satánica. Sin embargo, confío en Cristo que, como yo he vencido, también ustedes venzan.

Debes estar preparada con el amor del Todopoderoso; desbaratar toda acción demoníaca, que atente contra la unidad de nuestra familia. Eso de celo familiar es del diablo, como también lo es poner disputas. Debemos confiar en Jesús; que sea Él quien nos guíe. Si es posible, vuelve a hacer la hora diaria de oración en la casa, ya que me hace mucho bien. Creo que Zoe también tendría que hacerla. Aliéntala, y comiencen la próxima semana. Yo recibí mucha bendición del año pasado: predicaba más y me desalentaba menos; oraba mejor y así también los hermanos de acá, recibían más consuelo.

Más que escribirte, quisiera estar en casa ayudándote, pues imagino cuánto trabajo estás teniendo con el accidente de papá. Sé cómo honras a tu padre; eso es bueno, y le agrada al Señor. Todo lo que te pido es que te cuides mucho, pues así como quieres a tu progenitor, nosotros te queremos a ti, y no quisiera que por nada del mundo te fuese a ocurrir algo. (...) Gracias por la carta que me enviaste: la leí en voz alta para toda la celda. Ese fue un buen día, para estar preso: Dios me concedió la visita, y me dio mucho gozo. Desde la madrugada, el Espíritu Santo puso mucha alegría en mi alma; sólo los que amamos a Dios, tenemos estas experiencias. Cada día que pasa, puedo ver, con más claridad, cómo esta causa está en manos del Señor. Por eso, te pido que no te preocupes. Nada sucederá sin que la Mirada Divina lo perciba. Si aún la muerte llegara, sería grata, pues lo importante en este mundo no es la libertad física, sino la eternidad. Yo siento en mi interior la alegría de ser salvo, y esa es la preocupación más grande que pudiera tener. Si la familia se concentra en esto, que es lo más importante del mundo, entonces los demás problemas no tendrían ningún impacto.

Envío a Zoe un testimonio titulado 48 *horas en el infierno. Dile que te lo lea. Cuenta una experiencia muy interesante, la cual debemos tener en cuenta aunque no debemos temer, porque nosotros conocemos la Palabra. Te digo que la tranquilidad que percibo es porque me siento libre de pecado y no tengo ambiciones materiales. Lo único que deseo es guiar a mi familia, y a mis hermanos en Cristo, en el camino hacia el cielo. Para eso, me llamó nuestro Señor, y, de no terminar mi vida terrenal en este lugar, cuando salga continuaré con la predicación del Evangelio con todas las fuerzas, como lo hago aquí. ¿Qué excusa tendría para no hacerlo para no cumplir el ministerio que me encomendó el Padre?*

Madre:

Oro cada día por tu papá y por ti para que Dios los sane. Sé de todo el sacrificio que haces en estos tiempos. Cuídate mucho. Tenemos el consuelo de que, cuando parta, papá irá al cielo, y allá nos veremos todos. En el mundo terrenal, tenemos sacrificios y luchas, pero cuando nos vayamos de él, nos gozaremos en la eternidad. Anímate; ora todo lo que puedas, que Cristo te suplirá conforme a su abundancia y su gloria.

Recibí la noticia de la muerte física de papá. No me causó derrota, pues, en este momento, él ya está en el cielo, junto a nuestro Señor Jesucristo. ¡Aleluya! Ese es el consuelo más grande que tenemos los cristianos: la resurrección de entre los muertos. "Porque cuando la muerte entró por un hombre, también por un hombre, la resurrección de los muertos. Porque así como en Adan todos mueren, también en Cristo todos serán vivificados" (1 Corintios 15:21-22). Para todos los que aceptamos a Cristo como salvador de nuestra alma, la muerte deja de ser un enemigo que nos divide o nos pierde en las catacumbas del infierno. Nuestro líder salió vencedor, a los tres días, del vientre de la tierra, para que nosotros venciéramos en Él.

Se abren nuevas esperanzas, no sólo para nosotros, sino para toda la nación cubana, tan sufrida y vejada, en los últimos años. Un futuro esperanzador se aproxima para este país: pasará el tiempo y, entonces, se sabrá quién tiene la razón. Mientras tanto, este hijo tuyo seguirá padeciendo,

con dignidad, entre frías paredes, manchadas de impureza
y maldad, empeñadas en destruirle el cuerpo y quitarle la
vista. Pero no cuentan con el poder de Dios, que ampara y
libra de todo daño a sus siervos. (...) Jesús comenzó una
obra en nuestras vidas, y la concluirá.

No digo que no he sentido deseos de estar fuera de aquí,
pero cuando medito en todo lo que hace el Señor conmigo y
los míos, le doy gracias por estar preso. Sólo Él sabe cuánto
bien nos ha hecho, al someternos a esta prueba, forjadora
de hombres en el dolor. Ya no estamos en 1993; estamos
en 1998, y todo ha cambiado y continuará cambiando. Ten
paciencia: espera confiada, que el Todopoderoso ha escuchado
todas tus oraciones. Él es sabio y, a su debido tiempo, hará
la obra de liberación. Dios te bendiga, Madre mía, y alivie
tu pesar.

Tuyo,
Tu hijo

Querido amor mío:
Que Dios te ilumine con su poderosa luz en el hermoso
camino hacia los cielos. Que se cumpla tu misión de conducir
el rebaño familiar, en estos tiempos de duro bregar en un
mundo quebrantado por el pecado. Que la senda del cristia-
nismo, que un día escogimos para nosotros y nuestros hijos,
sea la convicción orientadora de tus pasos. Zoe: son muchas
las horas de amargura que nos han correspondido vivir, pero
hay algo importante en esto: todo es por la justicia. Y la
Biblia dice: "Bienaventurados los que padecen persecución
por causa de la justicia, porque de ellos es el reino de los
cielos" (San Mateo 5:10). "Porque es mejor que padezcáis
haciendo el bien, si la voluntad de Dios así lo quiere, que
haciendo el mal" (1 Pedro 3:17). Entonces, sólo nos queda
esperar con paciencia, mantener en alto el testimonio. "Así
alumbre vuestra luz delante de los hombres, para que vean
vuestras buenas obras, y glorifiquen a vuestro Padre, que
está en los cielos" (San Mateo 5:16). Cada día, la lucha
espiritual es más fuerte.

Lo que ocurre aquí me recuerda a Elaine y Rebeca.
Necesito, como nunca, las oraciones de todos los santos;
son momentos decisivos, y tú eres la encargada de dirigir

las peticiones de ruegos. Con Dios, somos fuertes columnas que Satanás jamás podrá derribar. Mantente siempre en obediencia y humildad delante del Todopoderoso, y cierra las puertas al maligno. "Para que Satanás no gane ventaja alguna sobre nosotros, pues no ignoramos sus maquinaciones" (2 Corintios 2:11).

"Mujer virtuosa, ¿quién la hallará? Porque su estima sobrepasa largamente a la de las piedras preciosas. El corazón de su marido está en ella confiado, y no carecerá de ganancias, le da ella bien y no mal, todos los días de su vida" (Proverbios 31:10-12). La esposa que ama a Dios, honra a su esposo a sus hijos… ¡Qué bendición! Ese es un don reservado para los temerosos del Señor. A todos nos gusta sentirnos honrados en nuestra ausencia: el Altísimo siempre tiene en cuenta al respetuoso, al honrado. Mira el caso de José, en Génesis 39 no pecó, cuando la esposa de Potifar quiso tentarlo y, aunque tuvo que cumplir prisión, el Todopoderoso supo recompensarlo.

El hogar sigue siendo la primera Iglesia, donde nos educamos y preparamos en los buenos hábitos. Los padres, hoy por hoy, tenemos tremenda responsabilidad, como los pastores de nuestros niños. Antes de nacer Sansón, el libertador que Dios iba a enviar a Israel, la madre recibió instrucciones precisas: su nacimiento debía ser seguido de una esmerada educación. Nada de lo que afectó al niño debía descuidarse, nada carecía de importancia. Toda influencia que actuara sobre su salud física, repercutiría en el espíritu. La enseñanza de la madre valía más en la formación y el carácter del niño, que toda la educación y todo lo que pueda aprender a lo largo de la vida. Es lastimoso ver aquí, en la antesala del infierno, a jóvenes con cantidad de años de sanción asombrosa; muchos, víctimas de la baja moral inculcada por los padres. Pero no sólo aquí, sino también en la calle: cuantas jovencitas cambian sus cuerpos por pacotillas, ignorando que nuestro cuerpo son templos del Espíritu Santo… Me pregunto qué condena les espera a los padres, culpables de que sus hijos estén entre rejas o estén infectados por el virus del SIDA, o que tengan el estigma del alcoholismo o la drogadicción. Madres que procuraron ser buenas amantes y excelentes amigas, pero que nunca supieron en qué consistía la obediencia de Cristo Rey.

Si algo me hace sentir tranquilo, detrás de estos barrotes, es saber que mis niños amados van por el camino del cielo, con alta educación moral, conocedores de que sus cuerpos no les pertenecen, sino que son de Cristo, quien los compró con su propia sangre.

La familia humana, formada a la imagen de Dios, es lo más importante de la Creación. Cuánto diera yo por estar pastoreando ese hermoso rebaño nuestro. Le ruego a mi Señor que me perdone, y me ponga allí, entre ustedes. He tratado de serle fiel en lo poco y, por su amor, que me ponga en lo mucho que, para mí, es ser pastor de mi familia. Conducir a nuestros hijos al cielo es, para nosotros, la misión más importante.

Mi amor:

Sin duda que la visita anterior, y el pabellón, fueron victoriosos en Jesucristo. Había ataduras, pero el mismo que nos compró a precio de sangre, nos da aliento y fuerza cuando el enemigo de las almas cree llevarnos alguna ventaja. Sin embargo, no quiere decir esto que podemos descuidarnos un minuto: no debemos olvidar el ministerio para el cual el Señor nos llamó. Para nosotros, la prueba es más fuerte, pero si nos mantenemos en comunión con el Altísimo, si somos celosos con nuestra labor, si mantenemos la fidelidad, si evitamos la contaminación que consiste en la inmundicia y lo satánico, todo será más cruento. Las trompetas apocalípticas ya suenan. Por eso, más que nunca, debemos buscar la dirección del Espíritu Santo. En la sagrada misión que tenemos, todo lo que se dice, hace o piensa repercute para la eternidad. Nuestro matrimonio está marcado por el único destino posible, para los hombres de bien: Jesucristo.

Conozco pocas personas, en la actualidad, que luchan tanto como tú. Por eso, debes poner a nuestro Señor delante, en todo momento, para que no caigas en los lazos del demonio. Así, como algunos hombres se aprovechan de las necesidades de los demás para destruirles, igualmente actúa el diablo. Ellos son como éste: no pierden tiempo para menoscabar almas. Pocos son los que se compadecen de los necesitados.

Sólo los que han sido tocados en el corazón por Jesús, ayudan desinteresadamente. Yo te digo, varona, que tu galardón es grande. No desmayes: lucha como Débora, y, al final, podrás cantar igual que ella. Dios Todopoderoso está contigo. No pongas laminada en otra parte, que tu rostro será iluminado y resplandecerá como la luz de la aurora. Retén todo lo que has ganado en Cristo, y ya verás cómo nuestro Señor seguirá bendiciéndote. Prepárate, para que asumas el nuevo lugar en que Dios ya te tiene. Tu responsabilidad, ahora, es mayor de lo que imaginas; por eso, el enemigo de las almas trata de tumbarte de forma lisonjera. "Y te pondré en este pueblo por muro fortificado de bronce, y pelearán contra ti, pero no te vencerá, porque yo estoy contigo para guardarte y para defenderte, dice Jehová" (Jeremías 15:20). Quiero agradecerte, amor mío, por el esfuerzo que haces, y por traerme también a los niños, mis tesoros.

Amada mía:

A pesar de la prueba que enfrentamos, me siento alegre. Te tengo a ti y, unidos en Cristo, recibo un caudal de felicidad, que ni las rejas ni el tiempo pueden quitar de mi vida. Te amo profundamente, y sentir que mi amor es compartido con alguien que tiene elevados principios, y alto concepto de la fidelidad al Señor, me hace aún más feliz. Sólo Dios sabe cuánta felicidad me trae cada carta escrita por tu mano, salida de tu corazón. Sí tenemos a Jesús; sí alcanzamos perdón por los pecados; sí sentimos gozo por la eterna salvación de nuestras almas; sí sufrimos pacientemente la pobreza, la persecución y la falta de libertad. ¡Porque vamos a levantarnos! Sabemos que vamos a alcanzar el paraíso, donde se desconoce la necesidad, la envidia, la tentación, el defecto, el infortunio, la calamidad, la mudanza, la inmundicia, la desgracia; donde hay buena vida, hermosura, gozo perpetuo y agrado de Dios. Todo eso me hace feliz.

Muchos comprenden en qué radica este estado anímico, que se revierte en la educación de nuestros hijos, en lo más puro de la divinidad humana. Por cierto: he pensado que Allem y Grecia pueden comenzar un curso de mecanografía. Esta es la edad propicia para su preparación y, en el futuro, ellos lo agradecerán. Amor: por nada del mundo dejes de pasar la última noche del año con el pueblo santo; yo estaré allí en espíritu. ¡Alabado sea nuestro Señor! No sé si has notado cómo Jesucristo está obrando en Cuba: el que finalmente hayan autorizado como día feriado el 25 de diciembre, es muestra de ello. Esta nación está a los pies del Altísimo. Cuando pase el tiempo, nos quedará la alegría de haber desafiado las leyes satánicas celebrando la Navidad.

También, un día, sentiremos el gozo de haber resistido firmes en los camino de Jesús. Ser fiel en la vida produce felicidad en el corazón humano. Es por eso que los que son fieles en su fe, experimentan el gozo, vedado a los que son como las olas del mar: inestables, contumaces y traidores. Sigue adelante, valiente hija de la Luz: firme, confiada, serena, guardándote de la mancha, impidiendo el entorpecimiento de tu conciencia, buscando el dominio propio y la íntima comunión con Dios, a través de la Biblia y la oración. Tu mayor responsabilidad es mantener unida a la familia, valiéndose de la Palabra. Eso es cristianismo: una vida superior, consagrada, esforzada, dedicada a los demás. Ahí es donde radica el éxito y la felicidad.

Yo te amo mucho. Siempre lucharé por tu felicidad y la de nuestros hijos, de modo que te sientas orgullosa de mí y de la fe que abrazamos. Te seré eternamente fiel, junto con nuestro guía, Jesús, reconociendo que la meta más alta de mi vida es representarlos, con dignidad y moral, y ser luz en los caminos escogidos por nosotros, gracias a la voluntad de Dios. Amor mío: tú tienes parte importante en nuestra sagrada familia; tú eres quien tiene que velar por el honor tuyo y mío. Tú tienes el deber de velar para que la parte que representas como mujer no sea vituperada, y yo tenga que caminar con vergüenza por dondequiera, recordando siempre que el mal entró en la familia humana por la esposa. Dios está con nosotros: Él nos ama, nos ungió y nos consagró. Ahora, nadie podrá separarnos.

Te amo con profundo amor. Quisiera estrecharte en mis brazos fuertemente. Hermana mía, esposa mía: pídele a Dios que este año estemos unidos, con amor. Él te lo concederá, porque te ama mucho, tanto como tú a Él. Mi amor: toma a los niños de las manos y oren, en voz alta, y

pidan prosperidad para nuestra familia. Te amo; te amo mucho
y por la eternidad.

Por siempre tuyo,
Tu esposo

Queridos hijos de Dios:
Allem, Grecia y Adan, que la paz del Señor esté con
ustedes, ahora y siempre. Mis niños: me siento muy contento
con el hecho de que nuestra casa-iglesia vaya espiritualmente bien. Mucha bendición les espera, pues a nuestro Dios
le agrada que le sirvan en espíritu y verdad como ustedes le
están sirviendo. Sigamos con los ojos puestos en el Rey de
reyes, preparándonos para el encuentro con Él, pues, según
las señales que se están viendo, muy pronto Jesús puede
estar entre nosotros aquí, en la tierra. A cada hora, a cada
minuto del día, deben prepararse y estar listos para este
hecho.
El ayuno de Allem fue guiado por el Espíritu Santo: hoy
yo no tenía un plan específico de ayunar, pero, al recibir la
carta, decidí hacerlo; y el sábado y el domingo estaré también
ayunando. Niños míos: tenemos que estar en comunión con
Cristo. Ustedes también deben estar muy unidos y ser obedientes a su mami. Sigan siendo un testimonio vivo de lo que
es un niño cristiano.
Le pido a Dios que los guarde y los guíe en el pleno conocimiento de la Verdad, para que nunca sean engañados con
ninguna filosofía diferente a la de Jesucristo. No descuiden
las buenas costumbres cristianas; sigan orando al levan-
tarse, al acostarse y a la hora de las comidas. A nuestro
Señor le agrada que todos los alimentos sean tomados en
acción de gracias.
Los cultos familiares, cada día, edifican mucho. Respé-
tense entre ustedes y respeten a los demás; eso también
es grato al Altísimo, como también el cuidado que puedan
dispensar a su mamá. Yo espero estar pronto en casa, para
ayudarles en todo lo necesario. Gracias a Dios, todo el tiempo
está protegiéndolos de las influencias malignas, y me siento
muy orgulloso de ustedes. Sé del amor que por mí sienten, y
del que les inspira Cristo. Tener unos niños así me hace muy
feliz, y me permite soportar la dura prueba por la que estoy

pasando. A lo mejor este año, con el favor del Todopoderoso, pueda estar en la casa, entre ustedes. El tiempo transcurre rápido, y la condena que cumplo se acorta. Cuiden mucho de Adan y edúquenlo siempre en la Palabra de Dios. No falten a las escuelas dominicales, y aprendan muchos versículos, para que su pensamiento este siempre acorde con nuestro Señor Jesucristo. Así, aumentará la fe de ustedes, la de su mamá y la mía.

A lo mejor, ustedes, hijos míos, se preguntan por qué Dios Santo no me ha sacado todavía de la cárcel. Pero yo me encuentro detrás de estas rejas, y soy quien más prisa debería tener, pero no siento impaciencia: nuestro Señor me ha dado mucha calma. Un buen soldado de Jesús se prueba en las duras luchas, sin huir cuando vienen las dificultades, por violentas que sean. Todo lo que hay que hacer es confiar en el Omnipotente, quien venció la muerte y tiene autoridad sobre ella. Quien caminó sobre el agua como si fuera tierra, y aplacó la tormenta.

Él fue santo y obediente desde su nacimiento. Él conoce nuestras necesidades, y está dispuesto a ayudarnos. Por eso, muy pronto me tendrán en casa con ustedes y alabaremos a Dios por su posibilidad de reinar, por los siglos de los siglos y por su infinita bondad de no abandonar a los suyos. No se desanimen, que Cristo ha comisionado ángeles para protegerlos en todos los caminos. Pero deben procurar hacer lo que agrada al Señor, para que Él se sienta complacido de acompañarlos. El Altísimo se siente feliz cuando los ve buscar con infinita fe el Reino de los Cielos; cuando leen los evangelios; oran sin desmayar; y, entre ustedes mismos, estudian y hablan de las Santas Escrituras.

En el cielo, la alabanza será el lenguaje que hablaremos. Por eso, es bueno adquirir el hábito desde la tierra. Cuando yo esté con ustedes de nuevo, conversaremos sobre la Palabra las 24 horas del día. Yo deseo que adquieran muchos conocimientos, pues por ahí hay falsos maestros, dispuestos a confundir a los incautos. Y no me sentiría bien si ustedes no estuviesen preparados con la armadura de Dios para enfrentar una situación así.

Angelitos míos:

La educación de ustedes es la meta más alta que su mamá y yo tenemos: prepararlos para que lleguen a ser buenos ministros de Jesucristo. Estamos culminando otro año que para nosotros no es de tristeza, por no estar yo en el hogar. Este es un año de triunfo, de victoria, pues somos una familia consagrada por completo, y de por vida, a Dios.

Terminamos el año en santidad: sin pecados que nos separen de la presencia del Señor. Ahora, cuando iniciemos el próximo año, podremos decir: "Cristo, cuenta con esta humilde familia, dispuesta a servirte en su única meta, serte fiel hasta la muerte". Quiero pedirles a ti, Allem, y a ti, Grecia, que este nuevo año se esfuercen más, y sean mucho mejores en los estudios. Asimismo, les sugiero que, de ser posible, comiencen un curso de mecanografía, para que estén un poquito más preparados. Mis valientes, les deseo un feliz fin de año y valioso año nuevo. Tengan fe, porque Dios está con nosotros. Miren la obra que está haciendo con Cuba: esta nación será tocada por Jesucristo. Trasmitan mis saludos a sus abuelos, a los pastores, a los hermanos en Cristo y a sus comuneritos, amiguitos y maestros. Cuídense mucho, teman a Dios, para no tener que dar mala cuenta el día del juicio final.

Los quiero mucho,
Su padre

Allem, mi hijo querido:

Dios todopoderoso te bendiga. Que Jesucristo sea contigo, donde quiera que vayas, en especial hoy, que estás de cumpleaños. Siento necesidad de hablar contigo: ya has crecido, y es menester que te oriente y aconseje. Aunque tu mamá es la encargada de dirigir el culto familiar, te encomiendo a ti, como guía espiritual de la familia.

No te inclines por el mundo: comprendo que muchas noches te sientes solo y deseas ir al parque del pueblo, a compartir con tus amigos, pero debes luchar contra las tentaciones. No es que ir al parque y alternar con los amigos sea algo anormal; sin embargo, nunca debes olvidar lo peligrosa que se torna la calle para nosotros los cristianos en esta época tan convulsa. Considero que el tiempo libre lo deben emplear en hacer el culto familiar. Estamos en tribulación y es justo que, mientras yo esté aquí, sufriendo, ustedes muestren su solidaridad conmigo. La Biblia dice: "Llora con los que lloran, sufre con los que sufren". Ya tenemos tiempo de salir bastante a pasear: iremos al río y a otros lugares. Ten calma, niño mío, que Dios nos ama y no nos olvida. Su misericordia es inmensa, su recompensa es para quienes les son fieles. Y nosotros le hemos sido fieles en los momentos difíciles y lo seremos en los momentos finales y por la eternidad.

Nada ni nadie nos arrebatará la corona de vida. Puede que las horas de este mundo estén contadas y que, cuando llegue el minuto final, nosotros nos alegraremos, aunque la tierra tiemble y muchos se golpeen el pecho. Cuando el Hijo del Hombre descienda acompañado por la Corte celestial, todo estará cumplido. Te digo, ángel mío, que el tiempo que dediques al estudio de las Escrituras no es tiempo perdido: por el contrario, es el mejor aprovechado del mundo.

Ayuda a tu mamá; dale ánimo y protege a tus hermanitos. Hazte el propósito de leer todos los días, en familia, un capítulo de la Biblia. Confío en ti, varón de Cristo. Sé que cumplirás con tu deber, sabiendo que el Señor premia a quien se esfuerza. A medida que ocupes mayor tiempo en la Palabra, el enemigo de las almas se alejará más de ustedes, y Dios obrará más rápido para mi liberación. Recuerda que Él tiene un propósito con nosotros, y debemos alcanzar todo el conocimiento que podamos. No te dejes vencer nunca por el pecado, contrario a eso: vence, con el poder de resistencia que te dio el Salvador del mundo, y salva a quien puedas, pues esa es parte de nuestra misión: salvar almas y dar testimonio de fidelidad. Que dondequiera que te pares, todos puedan decir que ahí está parado un auténtico cristiano. Mi niño, no te preocupes, que los ángeles de Dios están contigo para servirte. No tienes riquezas materiales, pero tienes el tesoro más grande que pueda tener cualquier ser humano: Jesucristo Rey.

Me gustó mucho la noticia de que tú y Grecia fueron seleccionados como mejores en la escuela dominical. Sin embargo, me entristeció saber que no dediquen tiempo para la lectura bíblica. Cuando lo hagas, asiduamente, verás que Dios Santo tiene una respuesta para todo: hay cosas que *nos parecen grandes cuando, en realidad, son pequeñas. Nosotros tenemos cosas importantes por las cuales preocuparnos. Podemos dar cuenta de la grandeza y bondad de Jesucristo: ¿acaso has dejado de vestir y de comer, a pesar de estar yo preso y estar viviendo Cuba una crisis económica tan terrible? En realidad, es algo maravilloso que debemos agradecer, por siempre, al Señor. ¡Hasta una bicicleta te mandó! Entonces, ¿cómo detenernos a mirar las pequeñeces que nos rodean? Somos seguidores del más grande de los hombres que ha venido a la tierra: el que nunca pecó y murió por los pecadores para llevarnos a la vida eterna. Yo tengo mucha fe en ti, hijo mío. Dios te va a utilizar para importantes empresas. Cuando naciste, también yo nací, pues, a través de tu venida al mundo, se produjo mi conversión al cristianismo. O sea, trajiste bendición a nuestra familia. Mira cuantos nacimientos en Cristo se han producido entre los nuestros desde entonces. ¿Ves como el Altísimo te está usando? ¿Percibes el don con que te ungió el Señor? Eres grande: mira las cosas grandes. Pon tu pensamiento en Cristo, y verás como comprenderás todo lo que te rodea. Sabrás lo que es bueno y lo que es malo para ti, que es igual a decir lo que agrada o no a Dios.*

Hijo:
    Si el Todopoderoso lo permite, pronto cumplirás los 13 años. El reglamento de nuestra Iglesia establece el bautismo en agua a esa edad, pues ya se está maduro ante nuestro Señor. A partir de entonces, se pueden ocupar puestos de responsabilidad en la obra santa. Yo estoy contento con los conocimientos de las Escrituras, y la educación que has adquirido. Es cierto: a ti y a tus hermanos no los dejé en una casa de buenas condiciones, ni riqueza material alguna. Sin embargo, eso no impide que crezcan con moral y dignidad. Jesucristo nació mucho más pobre que nosotros, y es el Redentor de las almas. A Él, tiene que ir todo el que desee conocer la Verdad, y Él es nuestro único líder, a quien hemos consagrado nuestras vidas. Yo cuento contigo para llevar adelante los proyectos que tengo en los caminos de Jesús.

Me dijo tu mamá que el Señor te habló y que tuviste una nueva experiencia en Cristo. Eso me hace muy feliz, pues confirma lo que ya te he dicho: Él tiene un plan con nuestra familia. Él terminará la obra que inició el día de tu nacimiento. Sigue, pues, firme, sin cometer faltas delante del Altísimo para que, cuando te vaya a coronar con el ministerio que te pertenece, estés limpio, puro. A Él, pido sabiduría, fortaleza, fidelidad. (...) No descuides las buenas costumbres, que te hemos inculcado: practica el lavado de tus dientes, por lo menos, dos veces al día; fundamentalmente, antes de dormir. Tampoco olvides la oración: el cristiano que no ora, no es buen cristiano. En la escuela, sepárate de las malas compañías, cuídate y aléjate del mal, y este no te alcanzará. Hacer algo malo contra nuestro Señor sería incurrir en la misma falta que cometió Satanás. La ira, que es el pecado del ángel caído, debes evitarla, así como la falta de respeto, las groserías y la desobediencia. Mi niño: que el Todopoderoso te guarde, y proteja por siempre, al igual que a tu madre y hermanos.

Te quiere mucho,
Tu padre

Queridos míos, Allem y Grecia:
Mucho gozo me ha causado saber de la afanosa lectura que realizaron de los libros cristianos que su mamá les compró en la iglesia. Estudiando la Palabra, se edificarán. Con el tiempo que llevan en los campos de la vida eterna, deben tener aún mayor preparación, pues Jesús los llama para que enseñen. Hay muchos que necesitan ayuda espiritual. Vivimos en un país donde el ateísmo es promulgado oficialmente, y muchas almas oprimidas emiten señales de auxilio. Por eso, el Señor los ha comisionado para que prediquen su palabra de libertad, reanimadora de los que se encuentren muertos espiritualmente. Les pido que no cesen en la búsqueda de la sabiduría divina. La Biblia dice: "Hijo mío, si tu corazón fuere sabio, también a mí se me alegrará el corazón" (Proverbios 23:15). Y para ser sabios, lo único que tenemos que hacer es buscar a Dios. "El principio de la sabiduría es el temor de Jehová" (Proverbios 1:7). Para tener moral, para resistir al pecado, para influir positivamente sobre los demás, son necesarias

la lectura y la oración. He pensado hacer un ministerio evangelista con ustedes y su mamá. ¡Hasta Adan, tendrá que predicar! Es necesario, por tanto, que se preparen todo lo que puedan, para echar hacia adelante la obra más hermosa, existente en la tierra: la de Cristo Rey. Si continúan estudiando, pronto podremos comenzar. El Poderoso de Israel nos bendecirá este año, sacándome de la cárcel, pero ustedes deben poner de su parte, y no perder ni un minuto para realizar lecturas cristianas, de cuanto material les caiga en las manos sobre el tema.

La lectura diaria es devoción, es santidad: sólo haciendo la voluntad de Cristo, seremos vencedores. En prisión, aunque entre rejas y muros, me siento tranquilo; y todo porque tenemos a Jesús. La palabra dice: "Hijo mío, no te olvides de mi ley, y que tu corazón guarde mis mandamientos, porque largos días, años de vida y paz, te aumentarán. Nunca se aparten de ti la misericordia, y la verdad; átalas a tu cuello, escríbelas en la tabla de tu corazón y hallarás gracia y buena opinión ante los ojos de Dios y de los hombres" (Proverbios 3:1-4). Queridos míos: me siento orgulloso de tenerlos a ustedes por hijos, pues son inteligentes, aplicados, obedientes y, sobre todo, temerosos de Dios, que es decir vencedores en Jesucristo. Me despido, deseándoles que la paz del Señor esté con ustedes.

Suyo,

Su papá

Mi niña santa:

Dios te bendiga hoy y siempre. Me produjo mucha alegría la carta que me enviaste. Está plena de victoria, y eso me hace ser un padre feliz. Cuanto gozo me dio saber que te seleccionaron como reina en la escuela dominical, y que obtuviste cien puntos en la evaluación. ¡Gloria al Señor, por la sabiduría con la que te ungió! Tu mamá y yo estuvimos hablando largo rato acerca de ti. Ella me contaba de la santidad con que vas creciendo y como te cuidas. Eso está muy bien, pues nuestro cuerpo, me refiero a todos los miembros que lo confirman, no deben ser razón de vergüenza en nada de lo relacionado con él. Traigo el tema a colación porque ya vas alcanzando tu desarrollo, evidente en zonas de tu cuerpo como los pechos. Éstos son parte importante de la mujer, pues con ellos nos alimentaron nuestras madres, y con ellos tendrás que alimentar a tus hijos en el futuro. También así, la Virgen María dio alimento a Jesús cuando, pequeñito, entre sus brazos lo acunaba. Pero te alerto contra el diablo: él es engañoso, mentiroso, burlador. Él tratará de crearte complejos para provocarte malestar con lo que Dios te dio. Con esto, el maligno procurara distraer tu mente y deformar tu cuerpo. Sus enviados serán personas que, cotidianamente, te rodearán y que desconocerán los escrúpulos y la discreción. En este mundo, no todos son como nosotros quisiéramos y, mucho menos, como el Padre desea. Sin embargo, la convivencia social nos obliga a alternar con diferentes caracteres. Por eso, debemos estar preparados para enfrentar lo que a nuestro paso nos salga, teniendo siempre presente la Palabra de Dios: "En el mundo tendréis aflicción, pero confiad, yo he vencido al mundo" (San Juan 16:33).

Grecia, noto en las pinturas que me enviaste, cómo el Señor te ilumina. Claro, lo que entorpece la mente es el pecado, y tú eres una santa. En nuestras vidas, la palabra pecadora no tiene cabida, pues somos del Santo de Israel, que nunca pecó. A Jesús le agrada que sus hijos amplíen sus conocimientos; también se complace cuando hablamos cosas buenas y no damos malos testimonios de nuestras vidas. Precisamente, ahí radica uno de los secretos del triunfo: Hablar lo positivo y no lo negativo. Mi niña, te pido que no abandones la pintura, que no descuides el estudio de las Escrituras y que sigas siendo la mejor alumna de tu aula. Un verdadero seguidor de Jesús es triunfador, como lo eres tú. Yo estoy contento contigo y con tus hermanos, pues saben llevar bien el nombre de Jesucristo. Jamás los defraudaré: como siervo del Altísimo, cumpliré con mi misión aquí, sin huir nunca del combate para, al final, decir como el apóstol Pablo: "He peleado la buena batalla, he acabado la carrera, he guardado la fe" (2 Timoteo 4:7). Adelante niña mía, confío en ti. Dios te ayudará y bendecirá.

Te quiere,
Tu papá

Adan, pequeño mío:

Que la luz de Jesucristo te guíe, para que crezcas como buen soldado suyo. Cada vez que oro por ti, el Espíritu me dice que serás un buen pastor de iglesia, y yo sé que será así, porque Dios Santo nunca se equivoca. Dile a tu mamá que te lea la vida de Jesús, que viene en los Evangelios. Gracias a Él, viniste a este mundo: Él te formó en el vientre de tu Madre (Salmo 139:13) con una misión en la vida, la cual es pastorear su rebaño.

Nuestra familia está en las manos del Todopoderoso. Cuando yo vaya para la casa, te enseñaré mucho sobre la Biblia. En ella, hay historias maravillosas. Habla de cuando Jesús nació, era pequeñito como tú y estudiaba mucho la Santa Palabra, y oraba y recibía el respeto de los maestros religiosos. Y es así: cuando los niños oran y escuchaban el mensaje de la Biblia, llegan a ser muy inteligentes. Dios te bendiga, mi pastorcito de Jesús.

Te ama mucho,

Tu papi

diez

Sanidades del Señor

Para que se cumpliese lo dicho por el profeta Isaías cuando dijo:
"Él mismo tomo nuestras enfermedades y llevo nuestras dolencias".
—SAN MATEO 8:17

Un proverbio cristiano dice que, en la trinchera, no hay ateos. Igual se podría decir de la prisión: ni lo hombres más incrédulos y servidores de Satán dejan de invocar, por lo menos, una vez a Dios, cuando se encuentran entre rejas. Siempre habrá un motivo, un porqué, que es llevar a pedir, con fervor, la intervención del Altísimo. Aunque después de ello lo olviden, e incluso blasfemen, en ese instante, se llenan de fe y asumen a nuestro Señor como algo muy propio. Eso acontece fundamentalmente cuando la enfermedad les inflige un sufrimiento atroz, y no encuentran en los métodos convencionales de curación, una salida para su caso. Es entonces cuando el Todopoderoso se enaltece, realizando las sanidades que, posteriormente, permiten los testimonios glorificadores de su nombre.

El hijo del Hombre, en su paso por la tierra, demostró la comunión con su Padre, precisamente, a través de estos actos, "y el poder del Señor estaba con él para sanar" (San Lucas 5:17). Ciegos, afiebrados, minusválidos y una amplísima gama de afectados por diversos motivos, algunos congénitos y otros demoníacos, fueron restaurados a la normalidad por la obra del Salvador. Nunca un doliente que se le acercó con fe dejó de ser sanado. Lo mismo los que fueron hasta Él de forma personal, como aquellos que fueron salvados por la fe de otra persona que pidió por ellos. Sólo el creer en esta posibilidad de salvación es suficiente para obtener la gracia. Así actúa el poder del Magnífico, quien no discrimina entre quienes se le acercan pidiendo su clemencia.

Y hablo en presente, porque el Señor unge, con su Espíritu, a todo el que sinceramente cree en Él. "Y estas señales seguirán a los que creen: en mi nombre echaran fuera demonios (...) sobre los enfermos pondrán sus manos y sanaran" (San Marcos 16:17-18). O sea, que como mismo Jesucristo, en su venida entre los hombres, hizo gala del poder divino de curar enfermos a través de métodos diversos, igualmente derramó su gracia sobre sus seguidores para, de esa manera, continuar la obras de Dios. Tener fe es creer, sin ataduras, en la omnipotencia del Señor. Tener fe es aceptar, sin trabas, la posibilidad de salvación, únicamente, a través de Jesús. Tener fe es entregarse, sin reparos, a los designios divinos, y sólo los que tienen fe, son capaces de obtener la condescendiente bondad del Omnipotente. "Tened fe en Dios. Porque de cierto os digo que cualquiera que dijere a este monte: quítate y échate en el mar, y no dudare en su corazón, si no creyere que será hecho lo que dice, lo que diga le será hecho" (San Marcos 11:22-23). Asimismo, el que esté seguro de su curación, o de la de otro, por obra de Dios, no será defraudado. ¿Qué es imposible para la mano de nuestro Señor?

En la cárcel, tuve varias experiencias en las cuales se manifestó la gracia divina de sanidad, a través de mí. Yo sólo fui el medio utilizado por el Altísimo para ejercer su ministerio. No obstante, fue suficiente para glorificarse allí. Recuerdo una ocasión, cuando todavía estaba en el destacamento cuatro como pendiente, en que se desató una epidemia de escabiosis: enfermedad cutánea producida por el arador de la sarna, cuyo principal caldo de cultivo es la falta de higiene. El destacamento, casi completo, estaba contagiado. En mi celda, solamente yo me mantenía ileso: la oración constante me salvaba del mal. Mis compañeros de recinto no paraban de rascarse, porque esa afección provoca un prurito desmedido.

Una oportunidad en que meditaba sobre la penosa situación, (pues ni siquiera medicamentos había, para contrarrestar la peste), por primera vez, de manera audible, me habló el Espíritu Santo: "Morando bajo la sombra del Omnipotente", escuché que me decía. Rápidamente abrí la Biblia, y leí el Salmo 91, la oración del que confía en la protección de Dios. El método fue infalible. Hasta yo mismo me asombré: No sólo no sufrí el contagio, sino que, paulatinamente, fue desapareciendo la epidemia, hasta que nadie quedó infectado. Parecía que habían fumigado. Algunos hablaron de una obra de casualidad. Sin embargo, yo hice saber de la obra del Señor. No había nada casual en donde Dios había asistido a sus ovejas, atacadas por el ácaro de la sarna. Glorificado fue el Supremo, por acto del benefactor.

Otra de las pestes constantes en la prisión son las chinches. Estos insectos, que se alimentan con sangre humana, pululan en la antesala del infierno. Los colchones son su refugio; no hay manera de combatirlos, si no es con la fumigación, pero rara vez las autoridades sanitarias se encargan de ello. Mientras tanto, los diminutos animalillos se ceban con los hombres, cuyos cuerpos son rosario de ronchas. Las sábanas, a veces, se ven llenas de manchas de sangre, producidas por alguna que otra chinche aplastada. En todo el tiempo que estuve prisionero, sólo una vez fui atacado por la plaga. Casi sin darme cuenta, mi colchón se fue llenando del insecto, y mi piel también comenzó a mostrar las manchas de las picadas. La cama ya me resultaba irresistible en el horario nocturno. Un compañero de celda, tal vez en tono de burla, me dijo:

—¿Cómo es posible que un cristiano esté lleno de chinches?

—Esto me ocurre porque no estoy leyendo el Salmo 91, el que Dios me dio, para combatir las plagas y enfermedades — fue mi respuesta.

Inmediatamente después, le pedí asistencia a nuestro Señor. Leí con fervor y medité sobre ese salmo. La respuesta fue rápida: sobre mi cama comenzaron a aparecer las chinches muertas y secas, hasta que no quedó ni una refugiada en mi colchón. Alabado sea el Creador que, además de librar de los males a sus siervos, se glorifica en ellos. También deja en mentís a quien se vale de la burla para ridiculizarlo o desacreditarlo.

El caudal de milagros y bendiciones que fluye por el cuerpo del creyente en el poder de Dios, influye positivamente en él mismo en primer lugar, pero esto no quiere decir que dicha persona esté libre de cualquier ataque de enfermedad, sino que se encuentra preparada para enfrentar, con las armas necesarias la embestida. Los anteriores no son los únicos ejemplos en los cuales el Espíritu Santo fue derramado sobre mí para mi salvación y la gloria del Todopoderoso. Varias veces, estuve en el centro de la vorágine. La faringitis crónica me golpeaba con saña desde antes de entrar en la prisión. Con frecuencia, padecía de catarros que rápidamente me afectaban la faringe, y me provocaban serios estados infecciosos. Al ser encarcelado, la carencia de medicamentos fue un látigo que me azotó. Con anterioridad, sorteaba el mal, de una u otra forma, con antibióticos, calmantes o gárgaras. Sin embargo, entre rejas, sino era con sal, no encontraba alivio. La última vez que la enfermedad me afectó, fue especialmente violenta, pero la cura fue definitiva. En mi diario, recogí las incidencias de esos días:

Viernes, 2 de junio de 1995

Entre la 1 y las 2 de la tarde, fui despertado del sueño en que me había sumido el malestar, por la fiebre tan alta que tenía. Temblaba mucho. La garganta la tengo afectada, en alto grado. Sentí inmensos deseos de alabar a Dios, y experimenté un gozo, que sólo se puede sentir en Cristo. Sin duda, se trata de un ataque satánico para impedirme la prédica.

Sábado, 3 de junio de 1995

Día terrible, en el sentido humano. La infección en la garganta no mengua. Casi no puedo hablar, ni tragar. Alrededor de las 2 de la tarde, fui llevado a la enfermería. La doctora me recetó penicilina, pero ni este ni otro antibiótico me fue entregado. Sólo pude conseguir un puño de sal con una enfermera, y con eso, hice gárgaras de agua salada.

Domingo, 4 de junio de 1995

Ya estoy casi bien. Gracias a Dios, he mejorado. Únicamente, la mano del Señor pudo sanarme cuando me visitó en medio de la fiebre. Supe que Ramiro también estaba en condiciones similares a la mía. Ahora, no tengo la menor duda; sé que fue un ataque de Satanás, para afectar la obra evangelizadora. "Antes, en todas estas cosas somos más que vencedores, por medio de aquel que nos amó" (Romanos 8:37). "Todo lo puedo en Cristo que me fortalece" (Filipenses 4:13).

Esta también fue la última vez que asistí a la enfermería de la prisión, por alguna enfermedad mía. Al convencerme de que el maligno se valía de estos ataques constantes contra mi salud, para contrarrestar la labor de la Iglesia del Silencio, decidí, con la anuencia de Jesucristo, no concurrir nunca más a la asistencia médica de allí. Desde entonces, cualquier síntoma lo reprendía con la Palabra de Dios. Así, resolví mis males físicos. Un ejemplo de ello fue cuando, hacia el fin de año de 1996, mi visión se debilitó casi al extremo de perderla. Empero, con la gracia del Todopoderoso, me recuperé sin necesidad de consultar a un doctor. El poder es todo de Cristo.

Exactamente dos años después de mi renuncia a la asistencia médica, la conjuntivitis se reactivó en el país; y la cárcel, como es un laboratorio donde todos los males físicos y espirituales del hombre se prueban y amplifican, se convirtió en hervidero del mal. En esta oportunidad, Dios se glorificó una vez más, realizando su amorosa obra sanitaria. Precisamente, por el destacamento donde me encontraba, brotó la infección. Otras cárceles de la provincia ya estaban en cuarentena por el azote del maligno. De esta forma, todos los nuevos prisioneros eran enviados hacia allí. El grado de hacinamiento, alcanzado por esos días, nunca se había visto en la nueva prisión de Las Mangas. Las celdas, de 24 presos, llegaron a tener hasta 40 hombres. Para colmo de males, la turbina utilizada para bombear el agua se rompió por esos días, y la higiene dejó de ser practicada en aquel edificio. Los baños estaban hasta tres días sin descargarse y limpiarse.

Fueron jornadas terribles, en que más parecía encontrarnos en un campo de concentración, que en la cárcel. En medio de esa situación, llegó una de las llamadas cordilleras, con presos de traslado hacia La Habana, procedentes del típico de Manzanillo. Ahí fue donde desembarcó la enfermedad.

En mi celda, fueron ubicados tres hombres. Al tercer día de su llegada, uno comenzó a mostrar los síntomas de la enfermedad. Al día siguiente, otro siguió su camino. Entonces, la epidemia fue indetenible que, para mayor agravante, era de conjuntivitis hemorrágica, la más violenta y dañina de las infecciones oftalmológicas de ese tipo. Todas las mañanas, eran sacados dos y tres presos para la enfermería. A mi diestra y a mi siniestra, caían los contagiados, hasta que quedamos solamente cuatro libres del mal. La enfermería ya estaba llena, a esta altura, por lo que declararon mi celda como depósito de enfermos. Yo me resistía a trasladarme hacia otro lugar, pero las autoridades la declararon en cuarentena. No se podía salir ni a almorzar, mucho menos a la visita que se acercaba. Bajo esas condiciones, accedí a irme para el cubículo cuatro. Sin embargo, allí ocurría lo mismo. La infección galopante tumbaba a los hombres sin reparos: éstos, con los ojos como brasas, semejaban animales aguijoneados por la rabia. Muchos ponían su mirada en mí con un signo de interrogación. "¿Cuándo caerá este?", parecían preguntar, y yo no me inmutaba. Les exhortaba a que se refugiaran en la Biblia, y meditaran sobre el Salmo 91;

también los incitaba, a la oración. Mis invocaciones al Señor eran constantes: le pedía por la cura de aquellos y por mi protección.

Los resultados de mis ruegos los comencé a ver en breve: algunos de los que habían sido llevados para la enfermería, regresaban sanados. No obstante, traían el testimonio triste de la falta de higiene. ¡Hasta 25 hombres conviviendo con la infección en un lugar que sólo tenía capacidad para 12! Además, el tratamiento y la atención eran deficientes. A pesar de esto, la epidemia comenzó a perder fuerzas, un buen grupo de los infectados ya estaba de vuelta a sus lugares originales. Casi se restablecía a la normalidad la vía carcelaria. En ese momento, fue cuando fui atacado por el mal, una mañana desperté con los ojos enrojecidos. La conjuntivitis hemorrágica se instalaba con desparpajo en mi organismo. Me desconcerté mucho, pues no sabía si era un ataque satánico, ante los logros obtenidos por mis oraciones, o si era un debilitamiento de mi fe, al ver que casi todos mis compañeros de destacamento, se quejaban por la enfermad. Todavía no tengo discernimiento sobre ello; empero, tuve la prueba de que Dios se mantenía a mi lado. Él me dejaba ver su compañía amorosa, a través de los hermanos que se ocuparon de atenderme.

Primeramente, me ubicaron en una cama situada en una esquina, para que las molestias fueran mínimas. Con ese acto, impidieron que me trasladaran a la enfermería. El mismo jefe de la celda intercedió ante las autoridades para evitar el traslado. Para mí, en verdad, hubiese sido muy embarazoso, porque hubiera significado la violación de mi juramento, de nunca más aceptar la asistencia médica de la cárcel. Pero Dios todopoderoso bien sabe lo que hace: Él fue el autor de esa acción para que su siervo no quedara como mentiroso ante su presencia. Mi enfermedad comenzó, exactamente, seis días antes de la visita al pabellón de mi esposa. Lo primero que pensé fue la imposibilidad de compartir con ella, pero, a los tres días, ya estaba bien. ¡Gloria a Dios! Mis compañeros de celda no se ahorraron cuidados conmigo; muchos se esmeraron en atenderme sin temerle al contagio. Me llevaron algodón en abundancia y siempre me tenían agua fría a mano, para los fomentos. Incluso, ellos mismos se encargaban de cambiarme el algodón de los ojos: fui el último enfermo de conjuntivitis hemorrágica en el penal. Después de mí, la epidemia desapareció.

El método, denominado por los estudiosos de la obra sanitaria de Dios como fe en acción, pude practicarlo innumerables oportunidades. Su esencia parte de la sincera creencia, tanto del enfermo como del objeto del Señor para el saneamiento, de que efectivamente se producirá el milagro. Eran muchos los presos que recurrían a mí, en busca de aspirinas y otros calmantes, para contrarrestar fiebres y dolores de cabeza por lo general. Cuando tenía los medicamentos, se los suministraba. Pero fueron repetidas las veces en que carecía de los mismos. Entonces, los afectados me pedían que orara por ellos, o bien yo se lo sugería, y aceptaban. No recuerdo un sólo caso en que no hubiese reacción positiva. Siempre el mal era eliminado, gracias a la invocación del Altísimo, a través de la oración. Tengo presente una oportunidad, en que mi hermano Lino sufría una alergia en la piel sin conocer su origen. Para él, lo único certero era que le producía mucho picor y ronchas en la piel. Oré, para que desapareciera la afectación cutánea y, a los diez minutos, ya estaba libre del mal.

Esta no fue la única vía que el Altísimo utilizó, a través de mí, para mostrar su benignidad con los enfermos. La imposición de manos es una de las formas más corrientes de las que se vale el Señor para realizar sanidades: poniendo las manos sobre la zona afectada del doliente se ora, y el resultado es rápido. Recuerdo cuando las neuropatías asolaron la isla, dejando inválidos a muchos hombres, y a otros con dolores atroces en los huesos de diferentes partes del cuerpo. Sin embargo, los que creyeron en el poder de Dios para curarlos se salvaron del padecimiento que hubiera podido reducirlos a guiñapos humanos, como ocurrió con los incrédulos o faltos de fe. El primero en aparecer en mis recuerdos es, nuevamente, mi hermano Lino. Su estado crítico lo obligó a auxiliarse en compañeros de celda, quienes tenían que cargarlo para trasladarlo de un lugar a otro. Gracias al Todopoderoso, luego de la imposición de manos que le practiqué, se mejoró casi de manera asombrosa. Solamente los que conocemos el Don Divino, y los testigos presenciales del hecho, somos capaces de ponderar cuánta bondad derramó Dios sobre mi hermano y sobre mí. ¡Alabado sea el Salvador de almas!

También recuerdo a un hombre de Manzanillo que estaba en mi celda. Los dolores terribles en las extremidades, una de las zonas principales atacadas por la neuropatía, le arrancaban los más profundos gemidos. En cuanto caía la noche, aquel infeliz comenzaba a quejarse con desconsuelo. Llevaba trasnoches, sin poder dormir; tales eran las tenazas, que oprimían sus huesos. Esa tercera jornada no esperé más. En cuanto comenzaron sus quejidos, me arrodillé frente a mi cama a orar por él. Luego, le invité a venir hasta mi pasillo, y allí le pregunté si aceptaba la sanidad que el Señor le podría proporcionar. Su respuesta fue positiva, llena de fe y ansiedad. Hincado, y con mis manos sobre sus rodillas oré, y la oración fue breve. Luego leí algunos pasajes bíblicos a propósito y, al concluir, le agradecí a Dios por su obra. También Eligio lo hizo. La recuperación fue total y rápida; los dolores desaparecieron, sin dejarle secuelas, y pronto su salud se restauró. Su felicidad era grande: a todos daba testimonio de la sanidad que el Altísimo había realizado en su persona. A todos contaba de la grandísima bondad de Cristo. Un tiempo después, fue trasladado para el típico de Manzanillo, en su ciudad natal. Antes de la partida, me aseguró que allá daría a conocer este milagro a todos, y así se engrandecería el nombre de nuestro Salvador.

Como ya dije, muchos presos solían pedirme aspirinas para sus dolores. De otras celdas, venían en busca del calmante, pero en más de una ocasión, encontré individuos que ni siquiera los medicamentos les aliviaban la dolencia. Sobre todo, cuando la parte afectada era la cabeza: casi siempre el origen de estos males estaba relacionado con el demonio. En esa situación, se encontraba un amigo procedente del pueblo de Canabacoa, quien también hubo de experimentar el favor del Magnánimo: el único que podía liberarlo de los desesperantes latidos que amenazaban con volverlo loco. Este hombre era un gran pecador; su vida mundana lo había llevado al adulterio repetido y sin medida. Tenía más de cuatro hijos, con diferentes mujeres. En cuanto fue a la cárcel, con una condena de 10 años, la esposa de turno lo engañó y abandonó. No dejaba de pensar en su triste situación, al cabo de tan disoluta e inconstante vida: la conciencia le remordía, el sufrimiento lo consumía. La antesala del infierno es igual que el mismísimo averno: los pecados anteriores se vuelven como afilados aguijones para punzar constantemente a las personas hasta reducirlas a despojos.

Los dolores de cabeza los desesperaban: ni una tonelada de aspirinas hubieran podido curarlo. Su mal era mayor. Cuando venía a mí en tan penoso estado, yo oraba por su cura, y se aliviaba un poco. Pero, con frecuencia, volvía a caer en crisis. En una ocasión en que lo vi así, al borde del lamento, lo llamé: me aseguró que no aguantaba más. Esa fue la última vez que sufrió de tal forma. Oré al Padre, y pendí que atara al demonio y, de esta manera, pudo prestar atención a mi lectura del capítulo 18, del Apocalipsis. A continuación, puse mi mano sobre su cabeza y, en oración, reprendí al maligno echándolo fuera, en nombre de Jesucristo. En el momento, sentí cómo su cráneo se movía: nunca antes, había experimentado esto. Cuando mis niños eran recién nacidos, evitaba tocarle la parte de la cabeza denominada mollera: su consistencia, tan blanda, me producía escalofrío; pues lo mismo sentí esta vez. Los demonios, que tenían tomado a mi compañero de celda, provocaban ese efecto en su huida. "Pero no os regocijéis de que los espíritus se os sujetan, sino regocijaos de que vuestros nombres están escritos en los Cielos" (San Lucas 10:20). De esta manera, Roger conoció la sanidad del Señor.

¡Aleluya! Su testimonio también es muy valioso en la propagación de la obra divina. Otra oveja perdida en los mundanales vericuetos de la existencia se salvaba, gracias al poder de Cristo, quien no escatima bondad para todos los necesitados que van a su encuentro.

Un muchacho que llegó a mi celda, el primer día de 1997, procedente de la prisión vieja de Las Mangas, además de traer un ojo seriamente alterado por una contusión recibida en una reyerta, tenía una mano llagada por un empeine. Todos evitaban el roce con la parte afectada del susodicho, pues se dice que tales enfermedades epidérmicas son contagiosas. Entre la picazón que le provocaba la erupción y el rechazo general, casi se convertía en un apestado. De esa manera, su marginalidad era más contundente. Tocado por el Espíritu Santo, le pregunté si estaba dispuesto a aceptar la sanidad del Todopoderoso: su respuesta fue positiva, como la de la mayoría de los desesperados que claman por cura para sus enfermedades sin encontrar respuesta. A este ser, Jesús lo había escuchado. Por eso, me envío a mí en su auxilio, o propició su traslado hacia la celda, donde yo me encontraba. Puse mi mano sobre su empeine y oré, pidiéndole a Cristo que intercediera ante su Padre, por la salud de ese hijo suyo. A los pocos días, era evidente su sanidad. Las llagas se secaban, y la insoportable picazón había desaparecido. Y, por supuesto, yo no me contagié, al ponerme en contacto con la piel enferma. El Señor mora entre nosotros, y sufre nuestros males. Suya es toda la gloria.

Innumerables y diversos son los ejemplos que podría citar. Dios se enaltece en cada uno de ellos; su bondad se derrama a diario, sobre cristianos y mundanos. De esos, algunos se convierten al cristianismo después de la evidencia contundente. Otros, se limitan a agradecer desde distancia, producto de su necedad. Pero, lo que es inevitable, es que todos testimonien el milagro vivido, y muestren respeto absoluto por el Creador. El hecho de ser protagonistas, les permite contar en primera persona lo experimentado. El gozo que produce a cualquiera el estar sano, no tiene barreras ni parangón. Guardar para sí esa alegría, es imposible: así se propaga, de boca en boca, la misericordia de nuestro Señor.

El Evangelio de San Juan concluye con el siguiente versículo: "Y hay también muchas otras cosas que hizo Jesús, las cuales, si se escribieran una por una, pienso que ni aún en el mundo, cabrían los libros que se abrían de escribir". Tal y como lo escribió el santo varón, lo asumo: siempre será poco, lo que pueda escribir sobre la obra magnífica del Altísimo en la Iglesia del Silencio. Mi testimonio no pasa de ser un pobre intento por agrupar algunas evidencias reveladoras del amor de Dios por nosotros, sus siervos. A Él, vayan todas las alabanzas de la creación: tales obras sólo son posibles para deidad viva, moradora entre sus fieles, conocedora de quienes le siguen, llena de amor, bondad y desvelo...

once

Falta de fe

Al momento Jesús, extendiendo la mano, se asió de él, y
le dijo: "¡Hombre de poca fe! ¿Por qué dudaste?"
— SAN MATEO 14:31

La prisión es el destierro más doloroso para cualquier hombre. Aun el deportado al confín de la tierra, experimenta algún gozo al poder moverse con libertad de un lado a otro. Los pocos metros cuadrados reservados, entre rejas y muros, pueden llevar a la esquizofrenia. El sol del patio de la cárcel no calienta suficientemente los huesos, ni el cielo es tan azul, desde allí. Tampoco el contacto con el exterior, por continuo que sea, llega a saciar las ansias comunicativas del preso. En su afán por vengarse de su lamentable situación, exige lo que afuera no se le hubiese ocurrido. Su aguzada sensibilidad le permite percibir detalles inadvertidos para quienes no conocen esa vida. E, incluso, le hace ver fantasmas acusatorios contra aquellos que, de alguna u otra forma, están relacionados con él. Las tentaciones de la duda, y de la esperanza mundana, son flagelos que no dejan de zaherir sus pensamientos. De noche y de día, se mueven en su cabeza, en amalgama maligna, poniendo al infeliz al borde de la explosión. La violencia generada por tales detonantes, no sólo alcanza a los compañeros de infortunio. A veces, los familiares son los más impactados. Ese es el resultado de las maquinaciones satánicas de las cuales sólo puede salvarnos nuestro Señor Jesucristo. Para aquel que ha comprendido que quien tiene fe, tiene vida eterna, todavía los más dolorosos azotes están impregnados de dulzor. El Hijo del Hombre murió en la cruz por los pecados de los pobladores de la tierra. Entonces, no hay lamento justificado cuando hay uno que sufre más que nosotros por nuestros propios dolores.

Sin embargo, no estamos nunca libres de las tentaciones. "Imposible es que no vengan tropiezos, mas ¡ay de aquel por quien vienen!" (San Lucas 17:1). El más fiel de los seguidores del Señor tendrá a su alrededor una legión de demonios provocándole y probando sus fuerzas, para resistir la embestida. Los que creen de corazón, se mantendrán firmes; los débiles, se despeñarán, al no saber dilucidar cuál es el camino que le señala la Luz de la Verdad, y cuál es la falsa avenida, alfombrada por Satanás. Los Evangelios testifican sobre varios ejemplos, en los cuales sólo la oportuna mano del Mesías, salvó a sus discípulos. "¿Por qué estáis así, amedrentados? ¿Cómo no tenéis fe?" (San Marcos 4:40).

Esto se lo preguntó Jesús a sus seguidores cuando, en medio del lago, temieron a la tormenta, y olvidaron que ese sentimiento no tenía sentido para quienes están en la obra de Dios. "Y no temáis a los que matan el cuerpo, mas el alma no pueden matar; temed más bien a aquel que puede destruir el alma y el cuerpo en el infierno" (San Mateo 10:28).

También le dijo: "¡Hombre de poca fe!" (San Mateo 14:31), llamó a la primera piedra de su Iglesia cuando, sobre las aguas enfurecidas, dudó que quien venía caminando por la encrespada superficie, era el Enviado de Dios. El que no sólo reina sobre los humanos, sino además sobre los elementos naturales de la creación. "Pon aquí tu dedo, y mira mis manos, y acerca tu mano, y métela en mi costado, y no seas incrédulo, sino creyente" (San Juan 20:27). Este no creyó en su resurrección, hasta tanto no lo tuvo delante de él.

La incomunicación con mis familiares y amigos, y las presiones constantes, así como las ofertas tentadoras, fueron los principales martillos que, algunas veces, hicieron mella en mi fe. En el año 1994, tuve una dura y edificante experiencia. A los prisioneros de conciencia, las autoridades carcelarias solían someternos a frecuentes entrevistas. En mi caso especial, buscaban, a través de métodos diversos, la aceptación de las acusaciones nunca probadas, y por las cuales estábamos confinados en aquel horrendo lugar. Pretendían que todo lo negado durante el proceso, fuera asimilado, a cambio de la traición de nuestras convicciones, valiéndose siempre de las propuestas que más excitan a los privados de libertad física.

La ocasión que ahora refiero estuvo matizada por algo diferente: cuando fui conducido al sitio de las entrevistas, me encontré que no eran los acostumbrados oficiales los que me esperaban. Esta vez, la comitiva de la seguridad del Estado venía de fuera de la cárcel, o sea, eran superiores categóricamente a los de las otras veces, a quienes conocía como mis compañeros de celda. Enseguida, comencé a ser provocado: comenzaron las blasfemias contra nuestro

Señor Jesús y, ante mis ojos, comenzaron a desfilar todas esas falsedades que aseguraban mi supuesta implicación en movimientos armados y organizaciones de la guerrilla. Pero, impotentes ante mi serenidad, comenzaron a proponerme la salida de la cárcel, a cambio de mi respuesta afirmativa. Ante mi posición de firme negativa, comenzaron las amenazas de que si nunca más vería a mis seres queridos fuera de la cárcel, que si harían más severo el régimen que me habían impuesto, que si... Pero no lograron mi titubeo. No obstante, al salir de allí, fui tentado por el miedo.

De pronto, temí que todo aquello se convirtiera en verdad, que la distancia con mis familiares se agrandara; que mi piel no volviera a experimentar la calidez del sol; que mis ojos no volvieran a disfrutar del titilar de las estrellas; que mi costado desconociera la cercanía de mi esposa, en mi cama; que la sonrisa de mis niños se convirtiera en añoranza de alejadas visitas... Que la vejez de mis padres fuera lanza que pinchara mi conciencia de penitente.

Al llegar a la celda, fui directo hacia el baño y caí de rodillas en una esquina de la ducha. Los otros habitantes del cubículo andaban almorzando. Humillado ante el Padre, le pedí una prueba suprema de que yo estaba en sus manos. "Muéstrame a mi Señor Jesucristo, y permite que me toque con su venerada mano", le imploraba con fuerza en mi oración. Repentinamente, delante de mí apareció una pantalla como implacable sábana: la imagen se me mostraba con una densa niebla y, de entre ella, venía saliendo mi Redentor. ¡Aleluya!

A medida que avanzaba a mi encuentro, la neblina se disipaba. Un alto campo de trigo le llegaba hasta la cintura. Su ropa era blanquísima, y su rostro radiante, de bondad; su paso, firme y su mirada, segura; su actitud, triunfal. Mi oración no se detenía: las lágrimas encontraban cauce por mis mejillas. Con énfasis, le pedía sentir el estremecimiento de su mano sobre mi cabeza: ya estaba frente de mí... En un instante, llegaron los otros presos del comedor, y fueron directamente al baño, como es de costumbre, al regresar del almuerzo y la comida, y perdí la concentración. La hermosa imagen que tenía ante mis ojos, desapareció en el acto.

Cuando me paré de aquella esquina, el gozo brillaba en todo mi ser. La tristeza, el dolor, la duda y la congoja ya no estaban en mí. La risa brotaba de mis labios, aun cuando quería impedirlo. El Señor no llegó a tocarme, como le rogué, pero, ¿qué más prueba para mi reblandecido corazón que aquella? "Para que seas justificado en tus palabras y venzas, cuando fueres juzgado" (Romanos 3:4).

Con más fortaleza, la fe creció en mi espíritu. Ya no me importaban las amenazas; yo no estaría entre aquellas polutas paredes, el tiempo que ellos quisieran, sino el necesario, para realizar la obra de Dios. Y eso sólo lo determinaría Él. En el año 1995, volví a ser presa del debilitamiento de mi fe. Por esa época, el rigor del presidio estaba multiplicado y las restricciones eran mayores. De igual manera, la situación con el agua era crítica; como sucedía con frecuencia, la turbina rota impedía el abastecimiento del líquido vital a las diferentes dependencias de la instalación carcelaria. Asimismo, las autoridades no cesaban de experimentar hasta dónde llegaban nuestras resistencias. Esto lo medían con la alimentación, y solían hacerlo por temporadas. Comenzaban un día, dándonos el almuerzo a las 4 de la tarde, y la comida a las 10 de la noche. Esa primera jornada, nos informaban de la variación del horario, por alguna causa justificativa. Pero ya, al día siguiente, y a los otros, no decían nada. Nos enterábamos de que tendríamos que esperar, hasta no se sabía qué hora, para alimentarnos, cuando ya era una evidencia. Así, los estados de ánimos variaban con una diversidad asombrosa. Algunos se tiraban a sus camas, sin fuerzas; otros se dejaban tentar por la violencia, hasta que alguno, en estado de desesperación, gritaba con todas las energías: "¡Comidaaaaaa...!". Entonces corrían, lo sacaban y le daban alimentos.

Luego, se tomaban la venganza de alguna manera. Recuerdo a uno encausado por drogas que, después de permitirle saciarse con la comida que le dieron por su protesta, lo requisaron y encontraron entre sus propiedades pruebas de tenencia de la sustancia tóxica.

En medio de esas terribles condiciones, sentía débil mi comunicación con el exterior. Ahora no sé si realmente era así, o si era producto de la depresión que me embargaba. Entonces fue cuando el espejismo de la libertad me tentó: declaré un ayuno que duró tres días. En mis constantes oraciones, le pedía a nuestro Señor que me sacara en libertad. "Mi Dios", le decía, "si me has complacido otras veces, ¿por qué no lo haces también, ahora?". Así estuve hasta que, en la madrugada del tercer día, tuve una revelación: en sueños, me veía en una cama de hospital, enyesado e inmóvil, y una voz profunda me decía: "Yo te puedo sacar, pero en estas condiciones...". Entonces, inmediatamente, me arrepentí de mi debilidad, y cambié el sentido de mis oraciones. "Que se haga tu voluntad, Señor", le dije, "pero reconfórtame, por lo menos con una carta de mi esposa, de quien hace varios días no tengo noticias...".

Al otro día, cuando estaba en el patio de mi destacamento, desde el tercer piso me llamó mi hermano Lino, y me lanzó una carta de Zoe. Ésta había llegado esa misma mañana a sus manos, a través de un custodio de la prisión que vivía en mi pueblo. ¡Alabado sea, el Todopoderoso! Mientras yo me debatía en mi agonía, Él tocaba a mi amada, para que hiciera llegar un poco de su animador cariño. Así se hacía su voluntad, de insuflarme fuerzas para no debilitar la predicación de los Evangelios, en la antesala del infierno.

En verdad, cuando esos estados anémicos me tomaban, hasta propagar la Palabra de Vida de Jesús se me hacía difícil. Me deprimía de tal forma, que ni siquiera los cultos nocturnos, las clases cotidianas y las dominicales, las realizaba. O, en caso de que los hiciera, no les imprimía la vehemencia que usualmente le daba a las frases engrandecedoras de la obra del Magnífico. También disminuía los ejercicios cotidianos que solía hacer, para liberar un poco de la energía acumulada por el encierro. Enseguida, los convertidos al cristianismo, los hermanos en Cristo, que me rodeaban, percibían el trance por el que pasaba, y trataban de ayudarme. También en mi casa se enteraban porque, sin darme cuenta, acaso dejaba traslucir en la correspondencia el estado en que estaba sumido. Todavía conservo una carta que le envié a Zoe con fecha de 15 de junio de 1996. Más que una carta, es un mural que hace transparente mi terrible ánimo. Aunque, debo confesar, fue la única en la que me valí del libro de las Lamentaciones para manifestar mi triste situación. Al comienzo, utilicé citas textuales de los versículos 1-24 y 38-41 del capítulo 3 de dicho texto bíblico. Luego, le decía:

En estos días, he estado reflexionando sobre el libro de Job. Recuerdo que, antes de venir a este lugar, ese era el texto que me hablaba. En ocasiones, creo que ahora es que comienza todo para mí. No quiero decir que el Señor los quite de la tierra, pero, para mí, que estoy privado de libertad, cuando alguien deja de venir a verme o escribirme es persona alejada, sobre todo, si se desvía del camino estrecho, pero dejemos que el tiempo diga la última palabra. Yo confío en que todo lo que ocurra, sea con el permiso de Dios. Y todo cuanto me venga encima, aunque lo sufra, lo voy a aceptar. Tú has sido parte de mi vida en los últimos 12 años, pero no creo que tengas que sufrir por mí, si no lo entiendes así. Siento responsabilidad por tu persona, y a toda hora voy a luchar y orar por ti. Creo que, si algún día cayeras en algo indigno, sería la única razón por la cual, haciendo uso de mi derecho cristiano, te rogaría que no te acercaras a mí. Pero esto es algo que en mi corazón no cabe, pues conozco tu calidad humana y espiritual. Tu concepto de la fidelidad es muy alto, eres una mujer sincera y honesta.

Hasta ahora, mis piernas no han temblado. Creo que, entre más grande sea el sufrimiento humano, más seguro y más fuerte me sentiré en Dios. Muchas veces, te he dicho que tengo fe en una pronta liberación; pero, de la misma forma te digo que estoy preparado para estar aquí los ocho años que me impusieron en los tribunales. Vivo ilusionado y esperanzado en Cristo. No espero recompensa en la tierra, sino en el Cielo. Creo en Dios, no en los hombres. (...) Si llegara la hora definitiva de no vernos más, te pido, de todo corazón, que guíes mientras puedas a los niños por el camino santo. Tu alma preciosa siempre la amaré, y si me corresponde partir primero de la vida terrenal, le imploraré a nuestro Padre celestial por ti, pues, en verdad, te amo; y no quisiera que nuestras almas tomaran caminos diferentes. (...)

Al recibir esta carta, Zoe percibió el estado crítico en que me encontraba, y se entregó, junto con mis hijos, a la oración por mi alma. Gracias a ello, tal vez me repuse de ese momento difícil para volver con más bríos a la predicación de la fe. Cada vez que tenía una recaída de esta especie, volvía más fortalecido a la obra de Dios. Las tentaciones que aparecían en mi camino y que, de vez en cuando, me hacían titubear, siempre eran derrotadas con una razón contundente, encontrada en la Palabra de Vida. Satanás no hallaría en mí al luchador endeble que se vale más de las fanfarronadas que de la sincera asunción de la fe para sortear situaciones. Esos se asustan con la más insignificante maniobra maligna, y no sería yo quien defraudaría a mi Señor. Desde el principio, Él supo cuál era la calidad de mi madera. Por eso, me encomendó la dura misión de erigir la Iglesia del Silencio, junto con mis hermanos en Cristo recluidos, también, en la mismísima antesala infernal.

La última ocasión en que el ángel caído usó la maniobra de hacerme trastabillar en la fe, volvió con la acostumbrada táctica de la nostalgia por mi familia. Sin duda, la mayoría de las veces, era ese el método empleado por el maligno para punzar mi sensibilidad, y yo, en mi tribulación, estaba incapacitado para recibirlo. Una y otra vez, reincidía sin hacerle verdadero frente. Pero esta fue la última vez, porque fue cuando al fin desperté a la realidad y logré descifrar la trampa que me tendía, como otras veces. A las dificultades propias del presidio, se sumó la ansiedad por departir en libertad con mi esposa, mis hijos, mis padres, mis hermanos de sangre y en Cristo.

De nuevo, el estado de desesperación me debilitaba, e infligía mucho daño a la obra del Señor. En donde me encontraba, de nuevo estaba la actitud irreverente y confundida frente a aquellos que tanto se sacrificaban y penaban por mí. Peor aún, estaba el paso abierto a la tentación, a la duda, al camino equivocado...

Pero Dios me habló: me hablo con esa claridad, únicamente reservada al Alumbrador de los hombres. "El que ama a su padre o madre más que a mí, no es digno de mí, el que ama a su hijo o hija más que a mí, y el que no toma su cruz y sigue en pos de mí, no es digno de mí" (San Mateo 10:37-38).

No había más explicación que solicitar, ni tiempo que perder. Asumí mi cruz con toda la dignidad que le es dada a quien busca la Verdad, y continué andando con infinita fe por el camino estrecho y escabroso. Cristo es mi razón de ser. Al amarle como le amo, doy amor puro y sincero a mis seres queridos. Las tentaciones que aparecen en mi senda, las reprendo en nombre del Todopoderoso, y es suficiente para derrotarlas. Ni aun cuando la liberación era un hecho predecible, permití que la desesperación anidara en mí.

Comprender que Jesús está antes que nada y que nadie, me curó definitivamente. Tal vez ese despertar era el paso decisivo que me faltaba para entregarme sin reservas a mi Señor. Mientras estuve en prisión, no volví a reincidir en tal debilidad. La fe en Cristo me hizo mejor hombre; mi mundo giró 180 grados, el día que acepté al Hijo de Dios, como mi único salvador. Sin embargo, abrirme a la certeza de que primero que Él, no puede existir ni una diminuta mota de algodón, me hizo entrar para siempre en la cofradía de los que únicamente viven para servirle.

Yo soy su siervo: a través suyo, doy amor a mi prójimo, y porto la cruz sin quejarme por su peso, por la llaga que pueda abrir en mi espalda. Su mano, siempre presta a impedir mi hundimiento, impide mi vacilación.

doce

Blasfemos, fanáticos, agresores...

De cierto os digo que todos los pecados serán perdonados a los hijos de los hombres, y las blasfemias cualesquiera que sean.

—SAN MARCOS 3:28

Sin pudor, se pavonean, y su signo es el desprecio. Refugiados en la necedad enceguecedora, se imaginaban en el pináculo de la creación. Más que pasos, dan tumbos por la vida. El acto violento es su distintivo, y el miedo a sombras inexistentes es la brújula que les guía. El mirar sin ver, el oír sin escuchar, es la consecuencia de sus tropezosas existencias. Con mofas a cuantos les rodean, pretenden erigirse reyes. Con irreverencia ante la religión de sus compañeros, procuran salvarse del juicio final.

Pero, en esencia, son infelices criaturas, dignas de lástima y compasión. Seres que desconocen la libertad del espíritu y, posiblemente, nunca experimenten la unción del Padre. En manos oscuras, están las cuerdas que, como a títeres del guiñol, les mueven. Sus reducidos corazones son manantiales turbios, y su recóndita ignorancia les invalida para ver la Fuente de Luz. El nombre de Dios, para ellos, tiene el significado de una entelequia. En momentos de apuros, lo utilizan con falsa devoción. Cuando se creen a salvo del dolor, denostan del que todo lo puede. "Porque blasfemias dicen ellos contra ti, tus enemigos toman en vano tu nombre" (Salmo 139:20).

Así, en eterno "cachumbambé", transcurren sus días. Son bloques de mármol bruto cuando la Palabra trata de penetrarles. Nunca comprenden por qué otros pueden tener felicidad en medio del profundo sufrimiento. Reúnen, en sí mismos, los males y las bajas pasiones humanas. Sus oídos no son receptivos a los llamados del Señor, y su cruz es tan pesada como una montaña de mineral de hierro. Se hunden poco a poco con ella al hombro, por su resistencia a asumirla. De sus ojos, se desprenden chispas de fuego; de sus bocas, escapan culebras, sapos y centellas; de sus mentes, sólo brota la iniquidad. Un neonato tiene mayor estatura moral que ellos. ¿Qué es la convicción? Se preguntan alguna vez, como por causalidad, y no encuentran respuesta. Su futuro huele a azufre. Únicamente la voluntad de Cristo, superior a cualquier otra, logra arrancarlos del despeñadero por el cual ruedan. Pero no son todos los elegidos del Señor.

Los blasfemos abundan en la cárcel como los pájaros en el monte. "Porque habrá hombres amadores de sí mismos, avaros, vanagloriosos, soberbios, blasfemos, desobedientes a los padres, ingratos, impíos, sin afecto natural, implacables calumniadores, intemperantes, crueles, aborrecedores de lo bueno, traidores, impetuosos, infatuados, amadores de los deleites, más que de Dios" (2 Timoteo 3:2-4). Como otros males, tal vez aquel sea su medio natural, por excelencia. Y podría parecer contradictorio, pero si bien la esperanza lleva a muchos al camino estrecho, asimismo las condiciones del lugar propician su modo de actuar. En manos satánicas, escapa a su voluntad esa forma de proyectarse e interactuar con quienes les rodean.

Empero, no son solamente los presos los que nadan en el penoso mar de la blasfemia y la iniquidad. Por lo general, los custodios, los oficiales y las autoridades carcelarias llevan el estigma. Preparados por el ateísmo impuesto a ultranza a la sociedad cubana, desconocen la elemental norma de respetar el culto de las personas con las que conviven y alternan. Tanto presidiarios como agentes policiales tienen en común el afán por la ofensa. No serían ellos si no recurriesen a tal procedimiento para intentar la imposición y el reto que son incapaces de enfrentar. Porque si la ligereza de sus lenguas y de sus movimientos les hacen temibles para quienes ignoran la fe cristiana, no ocurre igual para quienes encomiendan cada uno de sus pasos al Unigénito. Con más de uno de esos hombres, cegados por el velo de la malignidad, hube de ir al campo de batalla. Casi podría decir que esa fue una de las vertientes principales de la misión de la Iglesia del Silencio, y siempre Jesucristo fue el triunfador. "Allí repetirán los triunfos de Jehová" (Jueces 5:11).

Un reo llegó a mi celda junto con otros dos presos, procedentes de un plan correccional. Venían inculpados de violación de una mujer que, en horario nocturno, había llegado hasta el lugar. A la denuncia de la susodicha, se contraponía la declaración de ellos, que se decían inocentes. No obstante, como medida de seguridad, fueron trasladados a la prisión nueva, mientras tanto se aclaraba el caso, y se tomara una decisión definitiva por parte de las autoridades. Uno de los compañeros de este reo, rápidamente se acercó a mí, al conocer mi filiación cristiana. Pero la actitud de aquel no fue igual: su poca inteligencia y su posición de guapo, aupadas por el apoyo ofrecido por otro similar a él, le hicieron envalentonarse y agredir de palabra al siervo de Dios. Poco después de su llegada a mi vecindad, me vio arrodillado, orando. Era la oración que cotidianamente realizaba a las cuatro de la tarde. Tal vez esa fue la primera vez que me viera ejecutando ese acto. "Quisiera verlo arrodillado delante mí...", dijo con tono burlón y soez, desde su pasillo colindante con el mío. A pesar de mi concentración, su voz me llegó nítida, produciéndome una gran contrariedad. Sin variar mi pose, sin siquiera abrir los ojos, lo reprendí fuertemente. "Señor, reprende a este hombre, para que no vuelva a ofender a un siervo tuyo", le pedí.

En la noche, mientras realizaba el culto con los hermanos cristianos, él temblaba de fiebre en su cama. Ya tenía encima sábanas y frazadas que sus amigos le habían puesto. No obstante, el frío que sentía no disminuía. Tan altas eran las temperaturas, que los dientes se entrechocaban sin control. "¿Saben por qué está así?", les pregunté a los seguidores de Cristo reunidos conmigo. "Sí", me respondieron. En realidad, todos en la celda sabían el porqué de su fiebre; habían escuchado su frase, y mi represión. Pero decidí, en ese momento, no orar por él; tenía que sufrir el castigo de Dios, en una magnitud que le hiciera comprender su falta y no reincidir en ella. A la mañana siguiente, su deplorable estado se mantenía. A pesar de que habían avisado al custodio de turno, este no lo sacaba para la enfermería, algo usual en aquel sitio. Ya avanzado el día, la misericordia del Señor me hizo acercármele. "¿Sabes por qué estas así?", le pregunté. "Sí", me contestó, en un entrechocar de dientes. "¿Y quieres que ore por tu cura?" Igualmente afirmativa fue su respuesta. Invoqué entonces al Magnánimo: "Padre, perdona a este hombre blasfemo, y no tengas en cuenta la falta cometida por él...". Un poco más tarde, él volvía a la normalidad de la celda. Por la noche, no se le oyó gemir.

Luego de este penoso incidente, se me acercó a pedirme perdón y orientación para penetrar en los caminos de vida. Después de curarse de las altas fiebres, testimonió a otros presos que todo lo que le había ocurrido, había sido por su incredulidad. También le había hecho saber de su falta de respeto, al dirigirse de tal forma a un servidor de Dios, y cómo de esa manera no ofendía al hombre, sino al mismísimo Salvador. Un tiempo después, conocí a su esposa y la triste historia de su hija: la niña, cuando salía de la escuela en Santa Rita, su pueblo de origen, solía visitar la Iglesia Bautista, por la cual sentía afinidad y a través de la cual penetraba en la enseñanza del Supremo. Pero él había ordenado a su esposa que cada vez que la chica hiciera eso la castigara con golpes. Ante la difícil situación, el pastor de dicha congregación había hablado con ellos, pues oraban por el alma de la pequeña para que los padres no tomaran más represalias por su vocación. Sin embargo, ni siquiera eso sirvió para un cambio de actitud. Solamente le hizo cambiar el incidente que tuvo conmigo.

El día que me presentó a la esposa, fue para ponerme como testigo de que le autorizaba a permitir a la hija asistir a la iglesia. Incluso, le sugirió que también ella fuera. Así, por caminos insospechados para los humanos, obra el Señor. En esa oportunidad, le di a la mujer varios plegables cristianos. Al final, la familia completa fue beneficiada. Ese es el mensaje de paz y unidad en Cristo.

"Dice el necio en su corazón: no hay Dios" (Salmo 53:1). El ejemplo típico de tal necesidad lo encontré en Marciano, un bayamés que estuvo en mi destacamento por un tiempo, y que tuvo la osadía de estafarme. Este hombre fue a prisión por tres meses, y, cuando lo conocí, ya se aproximaba a los diez años. También era un típico endemoniado que fuera de la cárcel se le hacía imposible vivir.

En Bayamo, habitaba en un edificio llamado popularmente La Embajada, por ser el más connotado reducto de delincuencia en la ciudad. Aún en prisión, continuaba comandando la pandilla de delincuentes de aquel sitio. El tal Marciano, hipócritamente, simpatizaba conmigo. Solíamos dialogar, llegando a contarme que un hermano suyo había sido fusilado por asesinato estando en la cárcel. Pero esto no lo refería con tristeza: tal vez, el fusilado no existía. En sus conversaciones, pretendía mostrarse como un sabelotodo, y, de hecho, se atribuía la potestad de intervenir en cualquier diálogo. Su traslado del destacamento donde estábamos se debió a la petición de justicia que le hice a mi Señor Jesucristo, por la agresión que cometió contra mí y un hermano en Cristo.

Hacía poco, Zoe me había llevado un desodorante "roll-on" nuevo. Un día, cuando fui a usarlo, percibí que este había sido sustituido por un envase similar, pero su contenido era agua de jabón. El mismo día, vino Osvaldo, uno de los fieles de la Iglesia del

Silencio, y me dijo que le habían robado algunas ropas. Entonces, oré en silencio y, a continuación, con voz suficientemente audible para todos, sugerí que el atrevido sería castigado oportunamente. Al ser escuchado y comentado por quienes me escucharon, vino a mi celda un famoso reo, haciendo alarde de guapería e intimidación. Aunque él no había sido el agresor, trataba de proteger a su compinche. En sus limitados pensamientos, había sugerido el temor de la intervención de las autoridades. Le salí al paso, aclarándole que no era el castigo de los hombres al cual me refería, sino al divino, el verdaderamente aleccionador. Inmediatamente, oré en voz alta: "Señor, yo soy tu siervo, sólo tengo tu protección. Ellos se imponen por la fuerza bruta, con el respaldo del maligno y de los responsables del orden. Ven en mi ayuda, y castiga a quien se atrevió a agraviar a tu fiel servidor".

Esa misma tarde, fue enviado a la celda de rigor. Su habitual práctica de estafa fue descubierta en otro destacamento, al cual se había desplazado. La denuncia por aquella fechoría fue suficiente para que pagara por las otras que había cometido. Cristo Jesús juzga de tal manera a quienes se atreven a violar la integridad de sus seguidores. Como mismo salva a la oveja descarriada que vuelve al redil, castiga con severidad al que tocado por la mano satánica, es incapaz de medir sus actos de agresividad.

Pero no fue esta la única vez que fui dañado de tal manera por los impíos. En otra ocasión, un jovencito sancionado a diez años de cárcel se atrevió a robar en mi propiedad. "Porque su corazón piensa en robar" (Proverbios 24:2).

Este muchacho era muy controvertido. Se pasaba el tiempo sin hablar, y sólo pronunciaba las palabras imprescindibles. Cuando realizaba los cultos, desde su cama me escuchaba con atención, manteniendo la distancia. Sin embargo, al observarlo, me decía: "Tal vez él está más cerca del camino de Dios, que estos otros que se acercan". Craso error. De seguro, me había oído hablar acerca de quien arremete a un siervo del Señor, lo ataca a Él de forma directa. En este muchacho, se albergaba un chacal: cauto y miedoso, no obstante, dispuesto a saltar por la espalda.

Un día, al regresar del desayuno entre los últimos, vi a la entrada de la celda la agitación de los presos. Enseguida, supuse que había una pelea, y no me equivoqué: esa mañana habían dado como desayuno un cereal caliente que nos reconfortó bastante. Al llegar, vi al mencionado joven ensangrentado. Le habían partido la nariz y la boca en la reyerta. Cuando pregunté el motivo de la pelea, me dijeron:

—Fue descubierto robando.

—Pero eso no es justificación para golpearlo de manera tan bárbara — dije.

—Te estaba robando a ti mismo — argumentaron los otros.

—Entonces, menos razón para agredirlo — agregué, con paciencia.

Todos quedaron estupefactos por mi actitud, pero estoy seguro que comprendieron. Al momento, mandé al muchacho al baño a lavarse las manchas de sangre, y luego lo llamé a mi cama. Su robo había consistido en unos trozos de pan viejo que conservaba en mi canguro. Estos mendrugos allí tenían gran valor. Entonces, se los regalé, y le di otros más frescos que también guardaba. Además, le preparé un jarro de agua con azúcar, para que acompañara el duro pan. Mientras hacía esto, le fui hablando sobre lo reprochable de su acto, y de cómo el Señor podía castigarlo por pecar de manera deliberada. Asimismo, le hablé de la traición, pues, antes de salir para el desayuno, él se me había acercado a pedirme una hoja de papel. Pero su propósito, como comprendí, no era escribir una carta (como había dicho), sino aprovechar el momento en que yo abriera mi saco para mirar adentro y observar lo que yo guardaba. De paso, le hice notar su mayúscula tontería, pues por quedarse en la celda para perpetrar el robo, se había perdido el mejor desayuno que habían dado en mucho tiempo.

Después de esto, el joven no aceptó mi invitación de encontrar a través de las enseñanzas de Jesucristo su salvación. Sin embargo, tampoco volví a verlo involucrado en un problema de ese tipo. Si bien no había asimilado las lecciones cristianas que diariamente me escuchaba impartir a los miembros de la Iglesia del Silencio, sí había tomado la propiciada por el Señor, para demostrarle lo peligroso que resultaba dejarse arrastrar por la tentación urdida por Satanás.

Empero, tal vez las mayores agresiones y blasfemias no proceden de los presos: los oficiales y representantes de la autoridad, envalentonados por su rango dentro del penal, suelen ser más violentos, que los mismos penados. A veces, refugiados en esa supuesta superioridad de posición, se creen con inteligencia mayor. ¡Vaya necedad! No saben que Dios unge con su sabiduría a quien mejor le sirve, y no precisamente a quien mejor apostado está. También, desconocen el castigo reservado para los que osan, con su soberbia de mundanal humanidad, hollar la integridad física y moral de otros hombres. "Desmenuzar bajo los pies a todos los encarcelados de la tierra, torcer el derecho del hombre delante de la presencia del Altísimo, trastornar al hombre en su causa, el Señor no lo aprueba" (Lamentaciones 3:34-36).

Un capitán de la seguridad del Estado fue un prototipo de estos blasfemos. Él era uno de los encargados principales de mi caso. Asistía con frecuencia a las entrevistas que me realizaban. También era de los que pretendían provocarme, blasfemando a Dios. "¡Qué Dios ni Dios!", gritaba enfurecido cuando yo hacía referencia al Señor. "¿De verdad eres cristiano?", me decía otras veces, con acento de duda. "Así que Dios está ahí, contigo", se burlaba. "Vas a estar encerrado hasta que yo lo quiera; no será tu Dios quien te saque", ironizaba con sorna. Cada encuentro nuestro estaba matizado por esas frases, a las cuales yo ripostaba, confirmándole mi fe profunda en Jesús. Todas mis respuestas estaban impregnadas por la unción que el Espíritu Santo derramaba sobre mí, para que bien defendiera la obra del Magnífico en la tierra. Y eso lo exasperaba más. Quizá percibía cuán impotente era con su método, delante de mi sincera fe, en el Creador.

Un tiempo después de empeñarse en su reprochable práctica de ofender al que todo lo puede, sufrió un accidente automovilístico, y recibió varias lesiones. Cuando se integró nuevamente a su trabajo, todavía en la cabeza se le veían las marcas frescas de las contusiones y heridas. Más adelante, fue trasladado a otro puesto fuera de la cárcel. Cuando me presentaba al oficial que lo sustituiría, admitió la sinceridad de mi creencia cristiana, y se lo hizo saber al nuevo agente de la seguridad del Estado.

Ya, en su actual puesto de encargado del control de drogas en la provincia, se convirtió en un pretendido defensor mío. Cada vez que tenía oportunidad, intercedía por mí delante de los otros oficiales. Así le había trasformado Dios su punto de vista con respecto a su siervo. No sé si el cambio de actitud fue igual con todos los cristianos. Sin embargo, casi me atrevería a apostar por el sí. El Señor no admite medias tintas, y ni aun aquellos que creen encontrarse fuera de su arbitrio, se libran de su mano juzgadora.

En más de una oportunidad cuando — agobiado por las blasfemias proferida por los oficiales de la llamada reducción — busqué la Palabra de Dios, este me habló con los versículos 2 y 3 del primer capítulo de Nahum: "Jehová es Dios, celoso y vengador; Jehová es vengador y lleno de indignación, se venga de sus adversarios, y guarda enojo para sus enemigos. Jehová es tardo para la ira y grande en poder y no tendrá por inocente al culpable. Jehová marcha en la tempestad y el torbellino, y las nubes son el polvo de sus pies". Así, me confirmaba que Él no estaba ajeno a nada de lo que acontecía. Ninguna de las ofensas salidas de malignas bocas contra su nombre, pasan inadvertidas. Como mismo está atento a los ruegos y alabanzas de sus siervos, el Todopoderoso no deja escapar la expresión soez, la palabra inadecuada, el gesto grosero que atentan contra la integridad de su pueblo y de su imagen. Como se lo confirmé a muchos; ninguno quedaría sin castigo en el momento oportuno. Y si algunos pensaron que la sanción divina es comparable con la humana, triste decepción sufrirán el día del juicio final, cuando sean puestos a la siniestra del Padre, quien los juzgará adecuadamente, de acuerdo con la magnitud de su delito. Lo que sufran en la tierra, por culpa de tan reprochable actitud, será solamente un juego de niños, comparado con lo que sufrirán en la eternidad. Pero Dios misericordioso salva oportunamente a sus ovejas que hemos aceptado su gracia, (Romanos 3:24) evitándole el azufrado mañana.

Un celador con quien establecí buenas relaciones; después de ser un blasfemo, tuvo pruebas y fue salvado por Jesús: este hombre era un mundano empedernido; disfrutaba con verdadero gozo, según los cánones de la perversión, de las bebidas alcohólicas y las mujeres. Le gustaba dialogar conmigo y, de hecho, lo hacíamos con frecuencia. Cuando le correspondía hacer guardia en mi destacamento, me sacaba de la celda para conversar. Me escuchaba con atención, intercambiábamos opiniones, y le predicaba el Evangelio. Pero, en el fondo, por su carácter que llegué a conocer muy bien, sabía que se reía de todo aquello. Nada de lo que trataba de hacerle llegar, lo asimilaba. Todo mensaje chocaba contra su férrea atadura a los goces del cuerpo. No obstante, yo le inspiraba sincera simpatía. "Si por mí fuera, hace rato hubieras salido de aquí", me decía. Y yo le reconfortaba, con estas palabras: "No te preocupes, que el día, que yo salga de aquí, será para siempre. Mi libertad será verdadera; porque será aprobada por el Señor. Nunca será como la de esos mundanos que hoy salen, y mañana están de vuelta, porque desconocen la bondad de Jesús y están en complicidad con Satanás".

A lo mejor, por esa tendencia suya de favorecer al siervo de Cristo, mi Señor lo tocó, y le enseñó la ruta de su senda.

Todo comenzó cuando su esposa se sensibilizó con el mensaje de Vida a través de los plegables, folletos y otros materiales cristianos que yo le daba a su esposo y él llevaba para su casa. La semilla que yo sembraba en él, germinaba en su mujer, quien un día fue visitada por los Testigos de Jehová, y los aceptó. De esa manera, ensanchó su campo. Mientras tanto, él venía a mí a pedirme consejo. "Los Testigos de Jehová me abruman, se pasan el día entero metidos en mi casa", se quejaba. Yo lo alentaba a no turbar el camino que seguía su esposa, pero, más adelante, ella conoció de los preceptos de la Iglesia Adventista del Séptimo Día, y decidió acercarse a Dios a través de esa congregación. Así, le sugirió a los Testigos de Jehová que podrían seguir visitándola, pero ya no para predicarle.

Por ese tiempo, él vivió una experiencia definitiva en su conversión. Un día, muy temprano, iba en busca de su caballo, en Buey Arriba (el pueblo donde vive), y cayó en un pozo de 16 ó 18 metros de profundidad, cavado cuando eran explotadas las minas de manganeso de allí. Al atardecer, al ver su preocupante demora, la mujer dio la voz de alarma, y se dieron a su búsqueda. Ya era muy de noche cuando lo localizaron en el fondo del agujero. Lo sacaron con sogas, y cuál no sería la sorpresa general, al comprobar que no tenía ni la mínima contusión, ni un rasguño, y ni pensar en cualquier fractura de algún hueso.

Según su propio testimonio, en la caída, sintió que lo cargaban en el aire y lo depositaban, suavemente, en el fondo. Después de este incidente, comenzó a visitar, junto con su cónyuge, la Iglesia Adventista. Al salir yo de prisión, hacía mucho que no custodiaba mi destacamento, porque las autoridades lo habían trasladado a otra dependencia del penal, como solían hacer cuando percibían que alguno de los guardianes se sensibilizaba con la obra de Dios. Pero las veces que lo vi, pude comprobar que se mantenía firme, por senderos de la Luz. Crecía como hombre y como servidor del Altísimo. Pero, ya lo he dicho, la cárcel es el más amplio y diverso mosaico de caracteres humanos: allí es posible hallar de todo un poco. Cualquier psicólogo podría encontrar, en la antesala del infierno, material de estudio para el resto de sus días. Y no es que en el mundo no se manifiesten iguales tendencias, sino que, por su concentración, allí son más evidentes. También lo he mencionado antes: la cárcel reúne, en ella, las peores aberraciones de los hombres. No por gusto la mano satánica modela, con toda su podrida imaginación, las formas de esos perdidos como si fueran figuras de barro. "¡Y el hombre…Pobre…pobre!", como escribió el poeta peruano César Vallejo. Confundido y desesperado, corre de un lado a otro, buscando salida a su miseria. Sólo los que son capaces de abrir sus corazones al mensaje de Vida, logran encontrar la brújula que les guía, en su paso por el valle de sombra de la muerte. Sin embargo, algunos de éstos equivocadamente ven, en el Siervo de Dios, al intermediario para llegar al Padre, cometiendo grave pecado con su ignorancia. "No confiéis en los príncipes, ni en hijo de hombre, porque no hay en él salvación" (Salmo 146:3).

Ese fue el caso de un joven que me había pedido que orara por él, para poder salir a la visita de otro destacamento. Eso se hacía de vez en cuando, con la anuencia del reeducador, pero no era práctica usual. Las autoridades evitan las mezclas de presos de diferentes pisos, para que no se produzcan riñas. No obstante, de vez en cuando permiten a alguno salir, cuando no le corresponde, para que pueda alternar con familiares y amigos que van por otro preso. A veces, también algunos presos logran esas salidas, y se dedican a recoger sobras o a otros actos degradantes. No recuerdo cuál era el objeto que perseguía este muchacho, al querer salir a la visita del otro piso. Lo que sí tengo presente es que lo deseaba con mucho fervor. El día del hecho, me encontraba tumbado en mi cama después del "de pie", y del recuento matutino, esperando la hora del desayuno.

Con la toalla, me había cubierto los ojos y oraba para mis adentros. De pronto, sentí como un roce imperceptible en la frente o la presencia de otra persona muy cerca de mí. Rápidamente, me quité la toalla del rostro, y cuál no sería mi impresión, cuando lo vi arrodillado delante de mí, orando. Le pregunté qué hacía allí, frente a mi cama, en esa posición, y me contestó que le pedía al Señor a través de mí, para poder salir a la visita. Lo reprendí fuertemente, diciéndole que el único intermediario para llegar al Padre es Jesús. Le dije, además, que yo era un simple hombre, como él; un preso en igualdad de condiciones, y que no podía intentar nuevamente esa falta, a riesgo de ser seriamente castigado por el Todopoderoso. Yo había orado la noche anterior para que se le concediera ese deseo y, nuevamente, lo hice en el momento, en su presencia.

El infeliz salió a la visita y, yo evité que Satanás se saliera con la suya, si sus intenciones eran confundir a los pobres pecadores, haciéndoles ver, en un simple humano, el camino para acceder al Magnánimo. "Huid de la idolatría" (1 Corintios 10:14).

Mi amistad con este muchacho continuó en la normalidad. A pesar de ese incidente, no asumió la fe cristiana. Se mantenía en el plano de simpatía por quienes nos declarábamos, con palabra y acción, siervos del Hijo del Hombre. En la cárcel, él trabajaba como sastre. En una ocasión, me hizo dos pantalones, y también escuchaba mis consejos. Así, logró salir para una granja, pero, como muchos otros, allí volvió a caer en grave falta de conducta, y se dio a la fuga. Cuando lo apresaron otra vez, y de regreso en la prisión nueva, apedreó en una reyerta a unos mandantes, y asestó un fuerte golpe a un preso de Guisa, y lo dejó en penoso estado de salud. Su violencia lo llevó a ser sancionado a unos cuantos años más de prisión sobre los que ya tenía sobre sus espaldas. La oscura nube que cubría sus ojos, le condenaba a la ignorancia absoluta. El maligno lo tenía tomado.

No obstante, si este muchacho era una lamentable víctima del demonio, ¡qué decir de otro famoso reo! Este hombre llevaba muchos años entre rejas. Cuando llegó a la prisión nueva, venía procedente de la vieja. Su fama de violento recordaba actos como el de virar airado los recipientes que contenían la merienda de la cual era repartidor. Antes de entrar en la cárcel, había pertenecido al equipo de taekwondo, de Bayamo.

Pero cuando lo conocí en mi destacamento, ya era viejo; decían que estaba medio loco, y era tomado por presos más jóvenes como mascota, para violentas bromas. En verdad, pude comprobar su desequilibrio psíquico. Hasta donde lo conocí, llegué a la conclusión de que era el despojo de un vigoroso hombre que tuvo un encuentro con Satanás, y no se recuperó jamás de él.

La tormentosa vida a que le sometían los demás presos, le llevaba a refugiarse en mi celda. Yo era el único que no abusaba de su condición de enajenado. Entablábamos largas conversaciones, en las que yo trataba de llevarle el mensaje de Dios, y él me contestaba con una sarta de incoherencias y blasfemias. A la larga, tuve que desistir. Tal era su encarnizamiento satánico.

En los primeros tiempos de su estadía en el mismo destacamento, donde esperábamos sanción definitiva, el aseguraba que saldría libre cuando dictaran sentencia. Obsesionado con eso, era incapaz de hablar de un tema diferente.

Pero, en el juicio, fue sentenciado a ocho años de presidio; la misma cantidad que yo, pero por una causa completamente opuesta. Quizá eso lo afectó mucho más en su deplorable estado mental. Las últimas noticias que tuve sobre él cuando yo salía en libertad, fueron que ya estaba completamente loco. Los contactos posteriores que tuvimos, estuvieron matizados por su insistencia en que le regalara una Biblia pastoral católica que utilizaba para mis estudios, pero no accedí. En sus manos, el ejemplar de las Santas Escrituras corría el riesgo de ser destruido o perdido.

Hubiese sido propiciarle un triunfo a Satanás. Sin embargo, como ocurre en los caminos de la Verdad, Cristo fue victorioso. Asimismo, vencedores fuimos sus siervos de la Iglesia del Silencio, en estas diarias batallas contra los ignorantes, soberbios, blasfemos, fanáticos, idólatras y todos esos especímenes al servicio de la maldad.

trece

Aprovechando el tiempo

Porque cual es su pensamiento en su corazón, tal es él.
—Proverbios 23:7

Muchas malas noches tuve en los años de prisión. Pero especialmente incómoda fue una en la que dejé penetrar en mi pensamiento una conversación mundana que tenía lugar en la celda. A la hora del silencio para el sueño, tuve un descuido, y uno de esos diálogos usuales entre desconocedores de la Palabra, taladró mi coraza. Pasé la madrugada entre pesadillas y sobresaltos. Sin embargo, no me volvió a ocurrir nunca más. Siempre tengo presente el refrán cristiano que dice: "Mente vacía, oficina ocupada por Satanás". Y, precisamente, eso fue lo que ocurrió, entonces: el diabólico, que no deja de rondar a las ovejas a la espera de verlas caer como frutas maduras, percibió mi distracción, y me infiltró su veneno. Pero la sabiduría de Dios es ilimitada: una noche de desvarío como aquella, me permitió comprender todavía más, la necesidad de reforzar mis estudios cristianos y las enseñanzas a los seguradores de la fe que, alrededor mío, se aglutinaban. En mi propio espíritu, percibí lo que se experimenta cuando las cosas del mundo andan por el pensamiento como río desbordado. No pocas veces se ven hombres correr de una esquina a otra de la celda, en acto desesperado por arrancar de sus cabezas ideas malignas que les corroen.

Esos eran ejemplos que les ponía a quienes me escuchaban, para sensibilizarlos todavía más acerca del porqué es necesario estar todo el tiempo en comunión con el Señor. Mis discípulos no eran desconocedores de ello: si estaban allí era porque, tomados por ideas de esa naturaleza, no habían encontrado coto para sus actos, y el pecado los había disminuido. No obstante, andando por el camino de Jesús, estaban a tiempo para salvarse. Y eso era lo que trataba yo de hacerles asimilar, lo que en todo momento les hablaba el Mesías, a través de las Santas Escrituras y los diversos temas cristianos que yo les impartía.

Los miembros de la Iglesia del Silencio seguíamos una disciplina rigurosa: todo el tiempo que pudiéramos dedicar al estudio, lo aprovechábamos. Desinteresarse por asuntos mundanos, era el primer e imprescindible paso a seguir, para evitar la contaminación. Por supuesto que los convertidos, al principio, eran como tejido por cuyos agujeros podía penetrar la impureza. Sólo la adhesión a esa disciplina, permitía la transformación en muralla difícil de violar. Casi todas las noches, realizábamos cultos de alabanza, a la manera evangelista, y a veces lo hacíamos por la tarde. En esos momentos, teníamos que imponernos sobre los otros presos de la celda.

Si hay alguien que hace bulla y eleva la voz, aún en la conversación más pacífica, es el presidiario. A ese enjambre de voces, teníamos que enfrentarnos cada vez; sobre todo, cuando están jugando dominó, cartas o dados. A veces, algunos lo hacían ex profeso; esos eran los esclavos del demonio. Cuando el ruido era insoportable, me valía de sus mismas armas: empinaba la voz, de tal forma que todos, incluso los que no participaban del culto, pudieran escucharme. Y si ellos se empeñaban en aceptar el reto, más alta todavía, era mi alabanza al Señor.

En una oportunidad, el juego de dominó inspiraba especialmente al vocerío. Ni siquiera mi esfuerzo por hacerme oír tenía resultados válidos. Sólo lograba afectarme las cuerdas vocales; entonces, cambié de estrategia. Oré al Todopoderoso: "Jesucristo, tú que dominas todo lo que nació de la creación de tu Padre, enmudece a estos mundanos e impíos, entorpecedores de este culto, cuyo único objetivo es alabarte y glorificarte". Al instante, el silencio era absoluto. Si hubiese pasado por allí una mosca volando, el batir de sus alas se hubiera escuchado con toda nitidez. Las únicas voces que se mantenían eran las nuestras, agradecidas y agradeciendo al Señor.

Los domingos por la mañana, en la escuela dominical, por el contrario, éramos nosotros los que teníamos que cuidar de no molestar a los demás. Ese día, los desconocedores de la fe se dedicaban a dormir un poco más de lo acostumbrado. El régimen carcelario se lo permitía. En esas oportunidades, me valía de los estudios bíblicos creados especialmente para esta escuela, para trasmitir las enseñanzas. A veces, yo mismo los confeccionaba. Los domingos eran más agradables para nosotros: el no tener que batirnos, a mano armada, contra el enemigo de las almas, o el ser más fácil el combate, por la modorra de sus seguidores, era una gracia que nos concedía Dios. Como aquel primer día en que "separó Dios la luz de las tinieblas" (Génesis 1:4), gozábamos con mucha bendición y bondad.

"Cuando un hombre y una mujer se quieren mucho, desean compartir y unir sus vidas, y quieren tener su propia familia: ese es el matrimonio, según Dios." Esta es la introducción de un estudio sobre el matrimonio cristiano que tomé de un libro sobre el tema para impartírselo a los hermanos que me rodeaban. Varias horas dediqué a hacerles comprender cuales son las disposiciones divinas que establecen la unión marital, precisamente, uno de los puntos más débiles de los hombres en prisión. Cambiar la mentalidad de un individuo sólo está en mano de Jesús, y duro es el esfuerzo, para que estos mensajes sean los que abunden en su pensamiento. No sólo el matrimonio fue tema de reflexión y estudio; otros, como la alimentación adecuada para un buen cristiano, y la manera correcta de vestir sin dejarse arrastrar por modas y modismos pasajeros, ocuparon nuestro tiempo.

Aunque el régimen carcelario imposibilita la observancia de muchos de estos preceptos, al estar sembrados en la mentalidad de las personas, actúan y repercuten en las relaciones sociales. De la misma manera, les prepara para el momento de salir en libertad, cuando se produce una ruptura inversa a la que se sufre al entrar en presidio y para la cual la mayoría de los presos no se prepara. Los que viven de espaldas a Cristo, o los que oportunistamente se le acercan, son casi siempre, por no absolutizar, los mismos que en cuanto acaban de cumplir una sanción, reinciden o cometen otro delito que les devuelve a las rejas. La mirada cristiana sobre asuntos cotidianos, suele aportar a los humanos una visión amplia y sincera. No pocas veces intercambié con hombres que se creían muy bien preparados sobre estos aspectos de la vida diaria o muy conocedores de ellos, ya fuera por su nivel cultural o por su experiencia, y siempre hubieron de reconocer que el cristianismo les daba una clave esencial para comprender mejor los intríngulis de la vida. La nuestra, una fe viva, no se dirige solamente a la pasiva alabanza del líder que nos conduce. Precisamente, su vigencia en cada acto, en cada hecho, en cada particularidad de la existencia humana, es lo que permite su relevancia y permanencia. Y esto es lo que contenía el mensaje predicado en la Iglesia del Silencio.

La meditación es una coraza contra los malos pensamientos. No todos sabemos meditar, o no todos somos capaces de dedicar espacio en nuestras mentes para algo tan importante. Por eso, una de las primeras misiones que me imponía con cada nuevo convertido, era enseñarle lo que era la meditación y cómo realizarla. "Pues así ha dicho Jehová de los ejércitos: meditad bien sobre vuestros caminos" (Hageo 1:5). Los concentraba en temas bíblicos, y les hacía aprender versículos o citas; luego les sugería que, en sus momentos de silencio, en su intimidad, reflexionaran al respecto, para comprender el mensaje de cada palabra, de cada frase.

La hora de acostarse, cuando el preso vive sus momentos de mayor individualidad, era fundamental. "Meditad en vuestro corazón estando en vuestra cama, y callad" (Salmo 4:4). Ésta era una de las maneras más eficaces de mantener el pensamiento ocupado en algo edificante, impidiendo la penetración demoníaca. También, la oración es fundamental en este propósito, y así lo hacía saber a los buscadores del camino de la fe. "Y alzarás a Dios tu rostro. Orarás a Él, y Él te oirá, y tu pagarás sus votos" (Job 22:26-27).

Tocar a las puertas del Todopoderoso, con nuestros ruegos, no causa molestias. Su magnanimidad admite que nosotros, eternos pecadores, lleguemos a Él a suplicarle por las cuitas propias y las de quienes nos rodean o nos son cercanos; aún por la de aquellos que, siendo tan sólo nuestro prójimo, merecen que les tengamos en cuenta. "Perseverad en la oración, velando en ella con acción de gracias" (Colosenses 4:2). "¿Está alguno de vosotros afligido? Haga oración" (Santiago 5:13).

Asimismo, introduje a los fieles en la práctica del ayuno. "Pero tú, cuando ayunes, unge tu cabeza y lava tu rostro, para no mostrar a los hombres que ayunas, sino a tu Padre que está en secreto, y tu Padre, que ve en lo secreto, te recompensará en público" (San Mateo 6:17-18). Empero, ni la enseñanza trasmitida en los cultos de alabanza, en las clases dominicales y en las reuniones cotidianas, ni el aprendizaje de la importancia de la oración, el ayuno y la meditación, hubiesen tenido efecto sin mi testimonio personal.

Como pastor de la Iglesia del Silencio, era el ejemplo más cercano de comportamiento cristiano para los hombres que decidían dejar a un lado la vida humana e introducirse en los caminos de la luz. Aquello de predicar, con el ejemplo propio, era tal vez el recurso más eficiente que tenía a mano: ninguno de los presos hubiese aceptado mi propuesta de salvación en Cristo si no hubieran visto, en mí, al salvo. Ninguno hubiese aceptado la transformación de su punto de vista, de su proyección, de su modo de actuar, si no hubieran encontrado en mí a la persona que se diferenciaba por completo del prisionero común, que tenía una posición decididamente opuesta y limpia. Ninguno hubiese escuchado mis palabras, si no hubieran percibido en ellas la sinceridad, la austeridad, el convencimiento de lo que les hablaba. Ninguno hubiese entrado en la senda estrecha, si no hubieran percibido mi paso seguro, largo, en ella. Ninguno hubiese notado en mí la influencia transformadora, renovadora, edificante de la Palabra.

Nunca actué como un impostor o un hipócrita: mi vida en prisión fue transparente, límpida, como un arroyuelo de los que bajan de la montaña. Mis actos siempre fueron guiados por Jesús, y encomendados al Padre. Jamás incurrí en un pecado de los que, a diario, degradan a los reos. Aún cuando algún mal taladraba mi interior, no lo expresaba, porque "el que guarda su boca y su lengua, su alma guarda de angustias" (Proverbios 21:23). Por el contrario, lo reprendía, en nombre de Jesucristo; las tentaciones nunca fueron más fuertes que mi fe. Mi aspiración de libertad espiritual venció al anhelo de libertad física, y mi mente todo el tiempo estuvo y está en Aquel que, con humildad, vino a la tierra a morir por nuestras faltas. El mínimo desvarío en mi conducta hubiera significado la mayor de las traiciones. Pero: "Conoce, pues, y ve que no hay mal ni traición en mi mano, ni he pecado contra ti" (1 Samuel 24:11).

Si escribo sobre todo esto, no es para vanagloriarme; pecado supremo, sería. Es para alabar y glorificar al Magnífico, que tanto empeño y amor ha derramado sobre mí. Cada una de las acciones que ejecuto, cada una de las palabras que salen de mi garganta no tienen otro propósito que ese: significar la grandiosa obra del Señor. ¡Gloria a Dios!

Así, vi a más de un impío, a más de un mundano, cambiar su proyecto de vida. Hombres que parecían nacidos para el pecado, se acogieron con dignidad a la Palabra: estafadores, ladrones y asesinos se entregaron al Señor, encomendando a Él su salvación. Y no sólo era una actitud para momentos de celebración y alabanza: cada acto suyo trataba de transparentar ese nuevo mundo, que crecía en su interior. Varios vinieron a mí, a testimoniarme que habían hecho bien, a cambio del mal recibido, algo imposible de pensar con anterioridad. También supe de la nobleza de los reos con el comportamiento que tenían con los alimentos, una de las cosas más difíciles de lograr en un sitio donde el ansia de comer se conjuga con la mala alimentación y el hambre.

En un lugar como la prisión, donde impera la ley del más fuerte, la ley del talión: "Vida por vida, ojo por ojo, diente por diente, mano por mano, pie por pie" (Deuteronomio 19:21), es muy difícil observar un cambio de posición tan radical. Como corriente impetuosa, el comportamiento general tiende a arrastrar al individuo. Es menester una fe muy grande en Jesucristo, para mantenerse en victoria. Y pienso que es ahí donde radican los méritos fundamentales de los fieles de la Iglesia del Silencio.

Es cierto; algunos, luego de haber caminado cierto trecho por los camino de Dios, desertaron o se dejaron arrastrar por la corriente. Pero esos llevaron la marca del Señor: todavía, cuando la influencia satánica pudo más en ellos que la luz emanada del Altísimo, la huella de tan grande bondad quedó impregnada en su espíritu y, de alguna forma, continuaron colaborando con la obra, aun a sabiendas que esas medias tintas son inaceptables para el Todopoderoso, y de que no tendrían salvación a la hora del juicio final. Vi, con gozo, cómo la semilla regada germinaba con belleza en los familiares de aquellos a quienes predicaba. A veces, no bien prendía en los que más cerca estaban de mí, cuando percibían el verde tallito retando la intemperie en los que las relaciones de sangre acercaban al preso. "Así será la palabra, que sale de mi boca; no volverá a mí vacía, sino que hará lo que yo quiero, y será prosperada en aquello para que la envíe" (Isaías 55:11).

Especialmente, las madres eran susceptibles al derramamiento espiritual que experimentaban los hijos: en los días de visita, muchas se me acercaban, a agradecerme por la guía que le daba a sus descendientes. Yo les respondía que no era obra mía, sino de Jesús; que era a Él a quien debían agradecer. Y algunas encontraron, de esta manera, la entrada del camino escabroso y triunfador.

Recuerdo, con especial agrado, a la madre de un muchacho llamado Ramón, al que yo le decía San Ramón, por proceder de la comunidad que lleva ese nombre, en las cercanías de Campechuela. Esa señora logró un testimonio limpísimo a la diferencia de su hijo. Este llegó a la prisión con una fuerte carga de pecados; no obstante, ya tenía algún conocimiento de la Palabra.

Al principio, estaba ubicado en una celda vecina a la mía y, a pesar de que a veces se hacía difícil visitar otras dependencias del destacamento, el venía en busca de mi compañía y mi conversación.

De esta manera, se hizo asiduo de los cultos y otras celebraciones que, cotidianamente, realizaba con mis discípulos. Por esos designios que solamente pueden venir del Señor, en ocasión de cierto problema que hubo, San Ramón fue llevado para mi celda. Aún más, para mi pasillo: llegó a ser de los hombres más cercanos a mí. Él mismo lo manifestaba, con su actitud de no querer separarse de mi lado, ni en los peores momentos. Cuando la conjuntivitis asoló la prisión y fui trasladado para otra celda, San Ramón fue conmigo. Pero ya, entonces, el maligno preparaba el zarpazo que había de arrancarlo de mi lado.

Una noche, soñé con una pantera negrísima que atacaba a un niño, y alerté a los convertidos que me rodeaban: "Tengan cuidado: Satanás trata de separar a alguno de ustedes del camino de la Vida". Cuando la epidemia oftalmológica cesó, y regresamos a nuestros lugares, comenzó a operarse el alejamiento de San Ramón, el vicio de fumar, que yo no admitía a los fieles (pues era la manera de comprobar la fortaleza de su fe), lo asaltó nuevamente, luego de haberlo dejado. Ahora fumaba a mis espaldas hasta que otro discípulo lo denunció en mi presencia. A partir de ese momento, San Ramón se mantuvo a distancia. No asistía a los cultos y escuelas, aunque escuchaba la prédica. También cambió su comportamiento para conmigo. Tal vez un poco apenado por su debilidad, esquivaba un tanto el estar frente a frente con mi persona.

Sin embargo, su madre, influenciada por el cambio experimentado por él en el tiempo en que fue asiduo a la Iglesia del Silencio, se convirtió al cristianismo. Ella también había sido víctima del cigarro, y, a partir de ese momento, lo abandonó para siempre. En su pueblo de residencia, comenzó a visitar a la Iglesia Evangélica, y se convirtió en activista de la fe. Los días de visita, cuando nos encontrábamos, alternábamos e intercambiamos sobre las experiencias nuevas y edificantes que vivía.

La oración por su hijo era diaria: en la iglesia, también oraban por él y por todos los que estábamos entre rejas. De vez en cuando, de allí recibía mensajes que ella misma me traía, después de haber sido quien había dado a conocer mi labor entre los cristianos de su vecindad. Cuando fui libre, supe que esta señora daba valiosos testimonios ante los fieles evangélicos de su comunidad.

Buscar el apoyo de las madres para sus hijos presos, a través de la oración, fue algo que recabamos, desde la Iglesia del Silencio. Dios, siempre presto a acceder a las peticiones de los hombres, jamás haría oídos sordos a una madre adolorida que intercediera por su hijo privado de libertad. De esa manera, se lo comunicábamos a las progenitoras, en unos tratados elaborados por nosotros mismos y reproducidos de forma manuscrita.

> *Querida madre:*
>
> *Dios le bendiga. Reciba el más caluroso saludo de estos hijos suyos en la prisión, que cada día doblan sus rodillas, delante de Jesucristo, pidiéndole ayuda y fortaleza para usted, y todas la madres que sufren el dolor de sus hijos en cautiverio. El amor de una madre por su hijo es el único comparable con el del Señor por los hombres. Por eso, le pedimos que también usted vaya de rodillas ante Él, a pedirle por el hijo nacido de su vientre bendito, y por todos los que, como él, penamos entre los muros de la cárcel. Sabemos que sus ruegos serán escuchados por el Magnánimo, quien sabrá reconfortarnos en esos momentos de duras pruebas, cuando el calor de una madre es tan necesario. El Padre celestial la tendrá a usted a su diestra el día del juicio final. Sea bendecida por la gloria del Todopoderoso.*

Muchas de estas cartas fueron enviadas a las madres de los hombres encerrados en la prisión nueva de Granma. Y no fueron pocas las que reaccionaron de manera positiva, entregándose al cristianismo no ya en busca de su salvación, al cual — de hecho — Jesús le concedería, sino en busca de la salvación de sus queridos hijos. Tampoco fueron pocos los presos que recibieron la bendición del Unigénito, gracias a las fervorosas oraciones de las que los trajeron al mundo. "Como aquel a quien consuela su madre, así os consolaré yo a vosotros" (Isaías 66:13).

Pero no fueron únicamente las madres las que recibieron el polen fecundo que las llevaría al sendero del Señor. Hermanos, hermanas, esposas, hijos y amigos, supieron del valor del sacrificio de Jesús por medio de las enseñanzas que recibían y propagaban los fieles de la iglesia desafiadora de Satanás, en la mismísima antesala del infierno. Conservo todavía estas cartas, enviadas desde las prisiones de Boniato, en Santiago de Cuba y de La Tunas. Aunque nunca estuve por allá, ni establecí correspondencia con ningún recluso en aquellos lugares encerrados, hasta ellos llegó la labor evangelizadora que realizaba en la prisión de Las

Mangas. Otros presidiarios que habían alternado conmigo acá, o simplemente habían conocido mi fe y que luego fueron trasladados para aquellos sitios, se encargaron de contar al respecto.

Así es de poderosa, la voluntad de Dios: no encuentra vallas que la detengan; no hay espacio, por amplio que sea, que no lo acorte o haga desaparecer. No en vano ha trascendido épocas, continentes, sociedades, filosofías, corrientes artísticas y literarias. Basta reconocer la experiencia transformadora, vivida por los que abrazan la fe en Cristo, para ponderar su poder renovador. Y es que, bajo su égida, sólo cabe el amor. "En lugares de delicados pastos me hará descansar, junto a aguas de reposo me pastoreará. Confortará mi alma, me guiará por sendas de justicia por amor de su nombre" (Salmo 23:2-3).

catorce

Apóstatas de la fe

Porque muchos son llamados, más pocos escogidos.
—SAN MATEO 20:16

No son ciegos, sordos ni faltos de inteligencia. Sus ojos, oídos y pensamientos están muy bien aguzados; conocieron de la senda estrecha y difícil, y no supieron apreciarla. Las tentaciones fueron más fuertes en sus cabezas o sus consistencias más débiles. Lo cierto es que apuñalaron por la espalda a quien les conducía a la Vida, y prefirieron el oropel de la hipocresía. Es verdad: caminar por una avenida sin guijarros es cómodo. No implica cuidados y la felicidad parece al alcance de la mano. Todo se pinta tan bello como un paisaje al óleo. A un lado y al otro, palmeras se despeinan al viento, y el sol no alcanza la piel. "¡Total…! ¿Para qué? ¿Conciencia, moral, fe…? ¡Uhm, lo olvidé!" Y, al desenlace, es que pocos regresan para contarlo. Después de la cómoda alfombra…

Son las semillas de las que habló el Señor: las que cayeron a la vera del camino, y los pájaros robaron; las que cayeron entre piedras, y su raíces no tocaron tierra fértil, y el sol calcinó; las que fueron ahogadas por la maleza; las semillas desviadas por la tentación. Cuando llegué a la cárcel nueva, el Chino Ubia no estaba, pero era muy conocido. Otras veces, se había paseado por aquellos pasillos y celdas. Muchos de sus amigos estaban allí, como esperándole. Yo no había oído hablar de él. No obstante, con sólo verlo llegar a mi celda, supe todo, de golpe. Fue recibido con alegría y efusividad. Al parecer, era la llegada de alguien largo rato aguardado. Así de festejada fue su entrada.

Él, por supuesto, correspondió con similar actitud; los abrazos y expresiones de bienvenida se sucedieron de parte y parte. Al concluir el revuelo, se dirigió a donde yo estaba. Al parecer, tenía alguna referencia mía. Se me presentó como Testigo de Jehová e, inmediatamente, con su verbo fácil, comenzó a hacer alarde de conocimientos bíblicos. Las citas y versículos memorizados fluían con naturalidad en su diálogo. "El muchacho sabe", me dijeron algunos de los convertidos. "Vamos a observarlo", fue mi respuesta. Y, en verdad, por un tiempo se comportó dignamente.

Como afiliado de la Iglesia del Silencio, despuntó desde el principio entre los más devotos. En ese roce diario, conocí su historia. Por eso, no me tomó por sorpresa su posterior giro. Ahora, pienso que, en verdad, para él mismo no hubo ninguna traición. Obró tal y como actúan los de su casta: el estigma que señaló su derrotero por la vida, tal vez lo heredó de sus padres. Por lo menos, la madre era una connotada mujer de negocios sucios en Bayamo. Lo de Ubia le venía por ella; era su nombre. Su venida a la prisión, en esta oportunidad, estuvo precedida por acontecimientos decisivos en su conocimiento de las Sagradas Escrituras. Según el mismo testimonió, al estar un día en su casa, alguien tocó a la puerta. Al abrir, otro ex presidiario, con quien tenía cuentas pendientes, le lanzó el contenido de una lata de alcohol prendido en fuego. Esta es una de las formas más frecuentes de agresión entre dichos hombres. Las quemaduras en la piel del Chino fueron graves, y requirieron atención urgente y pormenorizada.

Los hermanos de la Iglesia Evangélica Santa Pentecostés, enterados del caso, fueron en su auxilio. El estuvo de acuerdo con la salvación a través de Cristo, y los fieles del Señor se entregaron con devoción a las oraciones. Al cabo del tiempo, la piel dañada había desparecido. Yo mismo pude observarlo: no le quedaban marcas que delataran el incidente. La semilla sembrada en el corazón del ex reo, creció con la muestra de amor y bondad derramada por Jesús sobre él. Pero era una postura sin raíces profundas, cuando ya estaba absolutamente sanado y se encaminaba por los camino del bien, de mano de los pentecostés, llegaron hasta él los Testigos de Jehová. De esta manera, renegó por primera vez dentro de la fe: se convirtió a la religión de estos últimos y olvidó, con su acto, lo antes vivido.

Posteriormente, cometió otro delito, por el que fue encausado y enviado a prisión. En esta nueva etapa, encarcelado, se dedicó al estudio de la Palabra concienzudamente. Su buen comportamiento le permitió recibir disminución del rigor carcelario y ser trasladado a una granja. Sin embargo, el pecado estaba en él. Pronto volvió a sacar sus uñas, lo que le valió el regreso a la máxima seguridad. Pero, en el traslado de un centro penitenciario al otro, logró fugarse. Cuando llegó a mi celda, ya había recibido una nueva sanción. Entonces fue cuando nos conocimos.

El Chino Ubia tenía, en esa fecha, poco más de 30 años. Mientras compartió nuestra fe, fue receptivo, y mantuvo buen comportamiento. Por naturaleza, era muy hábil con la palabra, lo que le permitía ser simpático y sociable. Lograba convencer con facilidad a quien escuchaba su conversación. Si este don lo hubiese puesto en función de la prédica cristiana, seguro que muchos adeptos hubiesen puesto en función la prédica cristiana, y los conquistaría. Empero, su aptitud la utilizó en contra de Cristo, y la espada que pendía sobre su cabeza, partió el hilo que sujetaba, y cayó.

La celda donde vivíamos estaba copada por un grupo de estafadores, dignos de cuidado: personas sin escrúpulos, que no concebían otra idea que no fuera la de engañar a su prójimo. Timar a diestra y siniestra era el único objetivo que tenían en sus miserables existencias. Y esos eran, precisamente, los viejos amigos de Ubia. Los mismos que, con tanta efusividad, lo habían recibido.

Entre ellos, para él era posible brillar. En la Iglesia del Silencio, toda la gloria estaba destinada al Todopoderoso: no podía ser de otra manera. Influenciado por aquellos y excitado por la débil consistencia de su fe, la cual enmascaraba su falsa devoción, un día comenzó a ser punta de lanza contra nuestra congregación. Casi sin darnos tiempo de reaccionar, lo descubrimos haciendo la obra del anticristo. Su fachada se derritió, como chocolate sometido a altas temperaturas. Finalmente, había vendido su alma al diablo, con tal de lucirse delante de los otros que le hacían comparsa.

Su acción se coronó de impudor, al introducir en el destacamento un libro titulado *La religión al servicio de todo*, de Ibarreña, autor, a todas luces, frustrado en el catolicismo o arrepentido de la fe, que arremete bochornosamente contra los Evangélicos, el Papa y su sistema. Toda una infamia muy orquestada, que engañaba desde el mismo título y que rápidamente comenzó a traer dificultades a todo el que la leía. ¡Tal era su carga diabólica! El mismo Chino fue la primera víctima: la mujer lo abandonó, y los problemas comenzaron a aparecérsele, como si los hubiera mandado a buscar.

Yo mismo, cuando todavía no estaba muy al corriente de la maniobra, por insistencia suya, comencé a leerlo. No bien había empezado a paladear el veneno que resumaba en dada expresión, y sufrí una caída en el baño. Fue suficiente para dejarlo: intuí el origen de todo.

Otro lector del libro, jugando fútbol en el patio, resbaló y cayó, y se arrancó parte de la piel, al ser arrastrado por el impulso, sobre el piso de cemento rugoso. La mujer de otro más dejó de visitarlo en el pabellón. Y el Gallego, un timador de primera categoría que había renegado de la fe cristiana, y cada vez que se fugaba estafaba en las iglesias valiéndose de ello, lo perdió todo por jugar a los dados, su entretenimiento favorito. Este tuvo la amarga experiencia que una madrugada, por esos días en que había sido desvalijado en el juego, lo levantaron y fue trasladado en una cordillera, hacia la prisión de Boniato, en Santiago de Cuba. Cuando se marchó, lo único que llevaba puesto era un short, pues hasta unas chancletas, robadas en ese instante de la partida, le fueron quitadas, por el dueño que rápidamente se dio cuenta.

Pero el anticristo continuaba su labor incendiaria: su maniobra, como es la de suponer, llevaba la marca del juego sucio. Imposible otro procedimiento. Su principal ataque no estaba dirigido a la colectividad de reos, sino, especialmente, a los fieles de la Iglesia del Silencio o a sus simpatizantes. El Chino Ubia velaba a quienes venían a mí en busca de consejos o a los que conmigo se reunían con asiduidad. No bien habían dado la espalda de mi pasillo, cuando él los abordaba, y los invitaba a la lectura del maléfico texto. No pocos fueron los confundidos: varios titubearon. Más de un incauto, cayó en la trampa urdida por Satanás. Su desenfrenada captación de candidatos a las hogueras eternas y al azufre no se detuvo ni cuando fue trasladado a otra celda. Su cinismo no tenía parangón: cuando le requería por su apostasía, me respondía con evasivas y sonrisas. En ningún momento dejó de tratarme con afabilidad, ni de llamarme maestro, palabra a la que tal vez imprimía cierta ironía. Cuando, envuelto en la madeja de problemas en los que constantemente estaba implicado, se sentía con el agua por el cuello, venía a mí a pedirme que orara por él. Antes de mi salida en libertad, fue nuevamente llevado a una granja, pero allá volvieron a descubrirlo delinquiendo. Esta vez le incautaron marihuana.

Un caso diferente al que acabo de narrar, y más frecuente, fue el de Emilio, un hermano en Cristo que, mientras estuvo en prisión, tuvo preciosos testimonios, pero que, al salir a la calle, olvidó su compromiso con el Señor, y recibió su castigo. Este joven es originario de un poblado llamado Miradero, en Río Cauto, y cuando lo conocí era Testigo de Jehová. Más adelante, al llevarle a la Palabra de Vida, se convirtió al evangelismo. Conocimos de su abandono de la fe cristiana por la visión de un recluso de mi celda, donde también había estado él. Todo ocurrió alrededor de tres meses después de la conclusión de su vida carcelaria.

Una noche, un preso llamado Dixon le hacía el favor a un convertido llamado Oscar de hacerle una carta dirigida a Yoanka Pérez, la pastora de la Iglesia Santa Pentecostés de mi pueblo. Oscar había conocido a la varona de Cristo a través de mí, en una oportunidad en que ella fue a visitarme, y se valía de Dixon como escribiente porque, por sus serios problemas visuales, le impedían hacerlo. De repente, Dixon se quedó paralizado mientras el miedo se apoderaba de él, haciéndolo un manojo de nervios. Una imagen instantánea le presentó a Emilio, envuelto en una llamarada corriendo en dirección a él. Yo dormía en ese instante. Me despertaron alarmados, preguntándome el significado de aquello.

Lo primero que vino a mi mente fue que era obra demoníaca, y era preciso ponernos en oración por nuestro hermano, y así lo hicimos.

Pasados varios meses fue que supimos de Emilio, y confirmamos el anuncio que habíamos recibido. En una carta, éste me contaba que se había cumplido un sueño que me había narrado en una misiva anterior. De paso, me decía que le enviara ese testimonio. Dicha ensoñación le había revelado el triunfo satánico sobre él, a través de la tentación ejercida por la enfermera de su pueblo. Así mismo había acontecido: ahora, me pedía encarecidamente la oración por su alma pues, aunque apartado de la fe, estaba convencido de que la única salvación posible estaba en manos de nuestro Señor Jesucristo. Su misiva fue muestra del desespero en que se encontraba. "Así ha dicho Jehová el Señor: por cuanto te has olvidado de mí, y me has echado tras tus espaldas, por eso, lleva también tu lujuria y tus fornicaciones" (Ezequiel 23:35).

En ese desasosiego destructor, que evidentemente lo embargaba, estaba el castigo por la apostasía. No volví a tener noticias suyas; sólo confío en que las oraciones que hice por él hayan permitido su arrepentimiento, y el regreso al camino estrecho. Sólo el Mesías puede saber cuál ha sido, o cuál será el destino de este hombre, en quien la debilidad de la carne pudo más que la disciplinada fe observada en la prisión.

Haciendo honor a la verdad, situaciones como ésta son frecuentes. Varias veces, me llegaron noticias similares: los hombres desesperados consideran a la fe cristiana como un medio para escapar de las vicisitudes de la cárcel. Mientras están entre rejas, se entregan con devoción al Señor. Y aunque las pruebas de la bondad divina se suceden con frecuencia, son incapaces de mantenerse firmes al salir en libertad. El maligno, siempre en la cacería, no pierde oportunidades. Y si muchas veces no logra arrancarlos del camino de la vida en prisión, los espera con paciencia más allá de los muros y barrotes donde, por lo general, las personas se sienten absolutamente libres. Los hombres no comprenden muchas veces el peligro de las tentaciones o simplemente son sordos a la Palabra que los alerta de las cosas mundanas. Emilio fue un afortunado que, por lo menos mientras estuve allí, no volvió a la cárcel. Pero a muchos vi regresar como perros con el rabo entre las patas: derrotados después de haberse apartado deliberadamente de Jesús, infringen las leyes y, de manera irremisible, vuelven al sufrimiento, en la antesala del infierno. "Esta es tu suerte, la porción que yo he medido para ti, dice Jehová, porque te olvidaste de mí, y confiaste en la mentira" (Jeremías 13:25).

Empero, son múltiples las maneras en que se manifiesta la apostasía. Aún cuando el traicionero se arrepiente y se flagela, el daño no escapa de la mirada de Dios. Junto con mis hermanos en Cristo Lino, Ramiro y Jorge, fui víctima de un apóstata que, sin embargo, fue en un tiempo uno de los discípulos que más cerca tuve. Danilo, alias "El pinto", procede de Cauto Cristo. Cuando llegó a mi destacamento, venía de la provincia de Holguín, donde había conocido la Palabra. Desde el principio, se convirtió en un fiel de la Iglesia del Silencio. Unido a otro cristiano llamado Alexis Flores, tenía una buena congregación en la celda dos. Asimismo, su testimonio era intachable. Muy cerca de mí, podía ser tomado como paradigma de buen comportamiento, tanto en la vida carcelaria como en la práctica de la fe. Ambas son manifestaciones de disciplina que no están divorciadas.

La masa de presos comentaba que Danilo era un informante y, aunque muchos me habían advertido, lo mismo que a mis hermanos de causa, preferíamos esperar en Jesús, el único con autoridad para juzgar a los hombres. No obstante, no demoró el momento en que pudiéramos verificar la veracidad de los rumores. "Mas he aquí, la mano del que me entrega está conmigo en la mesa" (San Lucas 22:21).

El Pinto, al servicio de la seguridad del Estado, hacía las veces de Judas. Pero el Señor, con su inmenso poder, no permitió que la tela de araña tejida con insidia cayera sobre nosotros y nos atrapara como a incautos insectos.

Una treta urdida por un capitán implicaba, además de Danilo, a un preso político que cumplía sanción en granja, y que se plegaba al servicio de las autoridades. Ese hombre, a través de la maestra que nos impartía clases, envió dos revistas: *Disidente* y el periódico *Miami Herald*, para que llegaran a mis manos y a las de los otros, juzgados por la Causa 4/94, por medio de mi discípulo. Efectivamente, llegaron: cuando Danilo me entregó esas publicaciones, distribuí las revistas entre Ramiro y Lino, pero al éstos conocer quien había sido el portador de los materiales, sin ponerse previamente de acuerdo, los quemaron en sus celdas. De esta manera, cuando se puso en práctica la maniobra, no hubo pruebas contra nosotros. Sólo el verbo de Danilo y el de la infeliz maestra fueron testigos, quien fue despedida de allí, luego de haber sido obligada a confesar.

A nosotros también nos prohibieron la asistencia a clases, uno de los objetivos del plan. De esa manera, cerraban una de las vías de comunicación nuestra. De todas formas, el propósito de inculparnos con elementos confirmadores de la causa que no habíamos aceptado, se frustró.

Cuando fui llamado a entrevista, luego de un largo intercambio con el capitán en el que no logró sino oír denuncias del maltrato de los presos y los procedimientos inadecuados empleados por ellos, llamó a la oficina de un departamento vecino a Danilo. Su intención era provocar un careo entre nosotros, pero no le fue posible. No creo que Danilo estuviera dispuesto a eso, y yo tampoco lo acepté. Le recordé al apóstata el capítulo 6 de Corintios, donde el apóstol San Pablo advierte y previene sobre los litigios en presencia de incrédulos. "¿Osa alguno de vosotros, cuando tiene algo contra otro, ir a juicio ante los injustos, y no delante de los Santos?", dice en el versículo 1. Y, a continuación, habla de la ética cristiana, que impide a dos hermanos de fe entablar controversia en presencia de un ajeno. "Con Danilo, hablaré en la celda", dije al capitán. Pero no, no volvió a la celda como me comunicó en ese momento el oficial. Luego de narrar allí toda su implicación en la trampa, Danilo fue trasladado hacia una granja. Por su parte, al disolverse el plan sin cumplir su objetivo, el capitán fue sacado de su puesto, en este caso, se manifestó lo que se denomina efecto bumerán. El mal planeado contra nosotros recayó con fuerza sobre sus autores. Así, el Altísimo nos mostró su bondad y favor una vez más.

La historia de Danilo no quedó ahí: desde la granja me escribió varias cartas, ofreciéndome disculpas y confesando que él no me había traicionado. Creo que nunca calculó el alcance de su apostasía. A lo mejor, por una vez, después de haber entendido la bajeza de quien se deja utilizar como instrumento para malignas maquinaciones en contra de hermanos de fe, se arrepintió. De la granja, escapó en dos ocasiones, y en las dos fue capturado. A la segunda, fue llevado de nuevo al rigor, aunque no a la prisión nueva. En esta ocasión, lo ubicaron en la cárcel vieja de Las Mangas, en la que tuvo varios incidentes de los cuales me fui enterando, poco a poco, sin preguntar por él siquiera.

Allí, reunió a su alrededor una nueva congregación. También recibió represalias por predicar. El Señor lo sometía a duras pruebas, tal vez, porque en verdad era un escogido que se había dejado tentar y había pecado. A lo mejor, con un testimonio como el que estaba construyéndose, lograría ser aceptado por Jesucristo a su diestra. Quizá ese fuera el castigo que el Todopoderoso le infligía, por haber actuado contra su Iglesia, erigida desde el esfuerzo, el dolor, el sacrificio y, sobre todo, del amor. Cuando lo vi por primera vez, había sufrido un infarto, y estaba muy delgado.

Pero nada debía sorprenderme. Ya San Pablo nos había alertado en su Segunda Carta a los Tesalonicenses: "Nadie os engañe en ninguna manera, porque no vendrá (nuestro Señor Jesucristo) sin que antes venga la apostasía, y se manifieste el hombre de pecado, el hijo de perdición" (2 Tesalonicenses 2:3).

Y también, en su primera epístola a Timoteo: "Pero el espíritu dice, claramente, que en los postreros tiempos algunos apostarán de la fe, escuchando a espíritus engañadores y a doctrinas de demonios" (1 Timoteo 4:1). Nada ocurrirá que escape al avisado ojo de Dios. Nada se nos presentará a sus siervos que no estemos preparados para enfrentar. Los apóstatas no se librarán del látigo destinado a los traidores. Ellos mismos se castigarán, al no poder soportar el peso de su conciencia.

quince

Año de la esperanza

Sabiendo que la prueba de vuestra fe produce paciencia.
—SANTIAGO 1:3

"Usted es la persona con más fe, que he conocido aquí", me dijo en una ocasión un presidiario con larga experiencia carcelaria. Sin dudas, aludía a la tranquilidad de espíritu que transparentaba mi semblante, y a la segura confianza manifestada en todo momento por mí de que, más temprano que tarde, estaría fuera de aquel laberinto de rejas, bajezas e intrigas. Así fue desde el principio: aún cuando sobre mí pendía una sentencia de ocho años que, como espada de Damocles, amenazaba con partir la débil cuerda que la sostenía y acabar con mi vida. Me mantenía firme, en la convicción de que el Señor no permitiría mi estancia allí más del tiempo necesario para mi formación de acuerdo con su plan.

El primer día que llegué mirando a todas partes; reconociendo el entorno donde me insertaba, tuve la certeza de que, al día siguiente, ya no estaría viendo tanta miseria humana. Y esa impresión, aunque no se cumplió literalmente, pues hubiese sido imposible entonces tanta bendición de Jesucristo sobre los hombres que encontraron su camino a pesar del pecado y de la tentación diabólica, sí tuvo su realización. El día que fui llamado para recibir la carta de libertad, no me sorprendí. Sabía que estaba por llegar ese momento, y me preparaba para ello. Otros, muchos de los que me rodeaban en la cárcel, y de los que soñaban con ese instante fuera de ella, sí fueron sorprendidos.

La esperanza en Jesús fue mi antídoto contra el veneno del tiempo. "Y todo aquel que tiene esperanza en Él, se purifica a sí mismo, así como Él es puro" (1 Juan 3:3).

Cuando pasaron el primer día, el primer mes, el primer año, y yo continuaba despertando a nuevas experiencias, comprendí el por qué de la prolongación de mi estancia allí. No fuera el mismo yo si no hubiese vivido, en carne propia, el dolor del paso restringido, de la ofensa despechada, de la luz del sol negada, del sufrimiento de la familia y los amigos. No fuera el mismo: mi fe se edificó, cada hora vivida entre rejas; cada minuto, un duro ladrillo era puesto en la torre que me defendía, y que me defiende, de la iniquidad y la injusticia. Me miro por dentro y me reconozco en esencia el mismo que, en 1994, cruzó el umbral de la antesala del infierno. Sin embargo, descubro a otro más limpio de alma, y más preparado para doblar su rodilla ante el Señor. Para algunos, es difícil aceptar esa evolución del hombre, porque su mirada no pasa de la apariencia exterior: está más gordo, está más flaco, por tanto, está mejor o peor. Ellos desconocen la inmersión en el complicado mundo interior de las personas. Pero, para el que sabe descifrar las miradas, el verdadero significado de las palabras, y hasta el mismo gesto acompañante de la frase, se revela con prontitud el hombre fortalecido.

¿Qué fuera de mí, me pregunto, si mi Dios de gloria no me hubiese escogido para tan grande misión? ¿Quién fuera yo? ¿Hasta qué punto hubiese crecido mi fe, en la única salvación posible, que es la que ofrece Jesús? ¿Dónde estarían mis pasos hoy, sin esa unción del Espíritu Santo que, en los momentos más difíciles, habló por mi boca y llamó a la cordura a seres endemoniados? ¿Cuán fuerte sería mi armadura si no hubiese tenido que forjarla y probarla en combate, frente a frente, con el enemigo del bien? ¿Qué sabor tendría mi alimento si no hubiese tenido que compartirlo con ovejas descarriadas y sin pasto fresco?

Pocos comprendían que de mi cabeza y mis palabras no se apartará ese futuro esperanzador en que saldría de aquella severa jaula. El descristianizado nunca será capaz de ponderar cómo crece el hombre en el camino estrecho del Unigénito. Las pruebas, lejos de menguar el alma, la riegan como a un vegetal necesitado de ese líquido vital para reverdecer sus hojas. Y esas mismas pruebas eran las que aumentaban mi confianza en la mano misericordiosa del Hijo que, en nombre del Padre, vivía junto a mí, aliviándome en la tribulación, oxigenando mis pulmones y mi sangre, en medio de tanto humo. En las cartas a mi madre, mi esposa, mis hijos y amigos lo exponía con toda sinceridad: a ellos, me correspondía consolarlos de tanto sufrimiento. A la vez, me era necesario su apoyo espiritual, pues tanto como yo confiara en mi próxima salida, también ellos debían sobreponerse a la tentación satánica del pesimismo, del derrotismo, de la entrega al llanto desconsolador y taladrador del alma. Y creo que logré ese espíritu de triunfo;

en especial, en mis tres chiquitos, quienes pasaban sus años más preciosos, experimentando las consecuencias de un padre encarcelado e imposibilitado de atender, directamente, sus necesidades más perentorias. Gracias, Dios mío, por haber derramado tanta bendición sobre mi familia y sobre mí, pobres siervos, dispuestos a aceptar tus designios.

En una misiva, redactada menos de un mes antes de ser liberado, dirigida al Reverendo Jaime Rodríguez, pastor de la Iglesia Evangélica Pentecostal Asamblea de Dios de La Habana, quien a través de Zoe nos prestó valiosa ayuda espiritual y material, escribí:

(...) Nuestra estancia en este lugar no se limita a la cautividad como los demás reos. Más bien, como nos decía en su carta el hermano pastor norteamericano: "No se llamen presos, sino misioneros de Jesucristo en prisión". ¡Aleluya! Y eso es lo que hacemos: cumplir, con tremendo gozo, esta misión de salvar almas en un lugar tan descristianizado como el que nos encontramos. Ya han pasado cuatro años, desde nuestra llegada aquí, y nada ni nadie ha podido disminuir la alegría que sentimos los salvos, a pesar de los empeños autoritarios por doblegarnos. Satanás usa todo tipo de ataque para disminuirnos; incluso, la personificación de demonios. Pero hermano; poderoso es nuestro Señor, que nos preserva de todo mal. (...) Las autoridades de prisión prohibieron el servicio religioso, pero Jesucristo, que todo lo puede, no permitió que las almas que han de ser salvas, no recibieran su plan de salvación. Tampoco tuvieron efecto las amenazas con las que, en años anteriores, pretendieron impedir nuestras prédicas del Evangelio. Gracias a Dios, la parte más dura de la misión, creemos, ya fue superada. Ya logramos imponer nuestro prestigio por amor a Cristo; ya hemos validado, ante las autoridades y la población penal, la autenticidad de nuestra fe. Ahora, todos dicen: "En verdad, son cristianos". El hecho de que en ningún momento hayamos aceptado la causa por la cual se nos juzgó injustamente, nos sigue dando el derecho de manifestar nuestra condición de prisioneros de Jesucristo. Y, en verdad, eso fue lo único que pudieron comprobar cuando fuimos investigados y sancionados. Por eso, aceptamos el reto de las prepotentes autoridades, las que dicen que no saldremos de aquí, hasta tanto no aceptemos esos cargos, a lo que nosotros respondemos que no serían ellos los dueños de esa decisión, sino el Todopoderoso, que le abrió las puertas de la cárcel a Pedro, la primera piedra de su Iglesia. "Todo lo puedo en Cristo que me fortalece" (Filipenses 4:13). (…) Cada instante pasado entre rejas, me ha enriquecido, y ha sido diferente al anterior. Por eso, la importancia de haberlo vivido: aún, en las peores horas, cuando me parecía que toda gestión había sido en vano, cuando la tentación satánica de abandonar la esperanza que me sostenía gozoso me tomaba por asalto, conocí la magnanimidad del Señor.

Hubo momentos difíciles, los cuales sólo pude soportar por la oración constante y el ayuno; nadie más que el Altísimo es capaz de comprender la naturaleza humana. El espíritu y la carne pugnan sin descanso: "Velad y orad, para que no entréis en tentación: el espíritu a la verdad está dispuesto, pero la carne es débil" (San Marcos 14:38).

En esos momentos de desvarío, la eternidad no alcanzaba para calificar el tiempo del sufrimiento. Los años eran siglos que se detenían a mirar envejecer, de dolor y pecado, al hombre. Comprendí, entonces a quienes me rodeaban. Aprecié, desde una perspectiva más profunda, la grandeza de la fe que abrazo. Pedí con más fervor, conociendo esa experiencia, la misericordia del Señor, para esas almas errantes entre la polución demoníaca.

Sin duda, era parte del plan divino la experimentación, por mi parte, de ese estado que lleva a los desconocedores de Jesús y a los apóstatas a actos a veces imposibles de comprender o dilucidar, desde la mirada polar del descreído, del ignorante del dolor, del frívolo, incapaz de compadecerse de su prójimo. Antes de ir a prisión, como cualquier ciudadano, pensaba que el único remedio para el que delinquiera era la cárcel. Luego, supe que ningún hombre merece ser condenado en un ámbito donde Satanás preserva y azuza a su ejército más feroz entrenado para la destrucción. Sólo los que son capaces en aquel lugar de encontrar La Luz de la Verdad, emergen de él crecidos. Los otros, si logran zafarse de las cadenas de la cárcel, seguirán el resto de su existencia rezumando la maldad puesta en su corazón por el destructor de almas. Cristo es la única vía para redimir al hombre. Cuando la humanidad lo comprenda, habremos sorteado definitivamente la trampa tendida por el ángel caído.

El Chino, un hombre que llevaba muchos años prisionero y tenía una filosofía muy especial sobre la cárcel, me dijo en una oportunidad: "Nunca vas a comprender esto. Aunque estés 20 años aquí, no vas a llegar a conocer, en toda su dimensión, el presidio. Nadie lo ha logrado, ni lo logrará jamás. Aun los que se pasan la vida entera entre estas rejas. Aquí, un poco de comida puede hacer milagros; un pedazo de pan, puede hacer que un hombre cambie inesperadamente de posición, y cometa el peor de los actos". Y decía la verdad: a pesar de estar abierto a la asimilación de cuanto acontecía a mi alrededor, todos los días algo novedoso atraía mi curiosidad. En los cuatro años de mi estancia en la prisión nueva de Granma, traté de captar la psicología de los que me rodeaban. Me era imprescindible, para realizar con más eficacia mi obra evangelizadora, desentrañar el mundo del hombre que habría de recibir la Palabra. Y, muchas veces, logré con facilidad destejer esa madeja tan particular que es cada individuo, aunque no pocas veces creí haber desenmarañado el hilo cuando, en verdad, sólo había estirado su punta o un pedazo que, luego, volvía a la confusión.

Personas que me escuchaban con atención e, incluso, tenían la osadía de decir: "Sí, acepto a Jesucristo como mi salvador", al minuto, estaban entregadas al pecado. Y no es que la prédica no tuviera fuerza para taladrar el muro de su inteligencia, sino que, para su voluntad, era más difícil asumir el camino estrecho y exigente del Señor, que continuar entregados al pasillo amplio de la perdición. Aun unos cuantos que comprendieron y tuvieron pruebas de la redención a través de Jesús, fueron incapaces de mantenerse firmes en la fe. Satanás se viste de dulce y suele envolver, con su melosidad, a los pobres de convicción.

El de Lago, un hombre de mediana edad de Tasajera, en Cauto Cristo, fue uno de esos casos: había sido sancionado por hurto y sacrificio de ganado. Cuando lo conocí en 1994, en el destacamento uno, ya llevaba allí varios años. Sin embargo, nadie sabía con exactitud cuánto tiempo comprendía su sanción. Cuando le preguntábamos por ese dato, se limitaba a decir que no sabía.

En una oportunidad, me puse a calcular los años que llevaba, de acuerdo con lo que decían otros, que llegaban de regreso y se extrañaban de encontrarlo en el mismo sitio y contabilicé unos siete años. Cuando salí en libertad, todavía estaba diciendo que no sabía el tiempo exacto que tenía que cumplir.

Este infeliz era un fumador empedernido, un rechazado por todos los presos, por los hábitos que tenía. En mi pasillo, era el único lugar donde era aceptado. Se pasaba todo el tiempo observando, sin emitir una palabra. Así, escuchaba todas las clases y prédicas que se hacían para los convertidos de la Iglesia del Silencio. Su rostro no transparentaba el mínimo signo de imputación. De todas formas, comprendí que algún efecto tendría que causar sobre él el mensaje de Vida, y, en efecto, un día que le pregunté si aceptaba la salvación, sólo proporcionada por Jesús, dijo sí. La mayor prueba de su asimilación fue el abandono del vicio que lo esclavizaba, y el mantenimiento de una buena conducta.

Pero Lago no supo cuidarse del zarpazo que le lanzó el demoledor de los débiles. En ocasión de un cambio que movió a todo el destacamento, lo trasladaron para otra celda fuera de mi influencia. Esa fue la gran oportunidad de Satanás para retomar con más fuerza su cuerpo y su alma. Cuando se convirtió en un ser todavía más irresistible que antes para los otros reos, lo devolvieron a mi pasillo; pero ya del que había aceptado a Jesús, no quedaba nada. Había vuelto al vicio con más fervor todavía: se pasaba las noches despierto, recogiendo cigarros y tabacos ya usados que los vecinos de celda reservaban en algún rincón para retomarlos posteriormente. De esa forma, más de una vez se ganó la represión y el repudio de aquellos. Para colmo, había dejado su mutismo, y ahora se propasaba con cualquiera, haciéndose más repudiable.

A mi pasillo había regresado alguien diferente de quien, con anterioridad, había morado en él. Una persona renovada negativamente; un ser que creí conocer, en determinado momento, pero que, en verdad, había ocultado a mi mirada escrutadora esa faceta descubierta y activada por los demonios... Me pregunto si siempre vivió en él ese otro, y me respondo que sí: a veces, creo en la certeza de la teoría que habla de la doble personalidad en los hombres, y que sugiere la potenciación de una o de otra de acuerdo con las circunstancias donde se desarrolla el individuo.

Más evidente se muestra esto, en quienes se resisten a aceptar el cristianismo como única salida o alternativa ante el mal asolador del mundo. "Porque el fin de la ley es Cristo, para justicia a todo aquel que cree" (Romanos 10:4). Sólo el Mesías posibilita la observancia de una conducta recta, respetuosa, ascendente. Únicamente, su camino lleva sin pérdida a la redención. Así, en el continuo aprendizaje de las enseñanzas, necesarias para la completa formación cristiana y la transmisión de la experiencia a otros, llamado a salvarse gracias al Señor, transcurrió el tiempo de mi prisión.

Esa esperanza renovada cada día de salir en libertad a la jornada siguiente, o al mes siguiente, o al año siguiente, tuvo su compensación por la enaltecedora obra del Magnífico. Y me dio la suficiente energía para soportar todo cuanto tuve de vivir. No la mitad de la sentencia como ocurrió, los ocho años dispuestos por el tribunal hubiese podido pasarlos lidiando con el mal entre aquellos muros blanqueados por la lechada de cal, e igual de firme o tal vez más se hubiera mantenido mi esperanza de verme libre de las rejas. "Y andaré en libertad, porque busqué tus mandamientos" (Salmo 119:45).

En su plan, Dios prepara a los escogidos, para futuras contiendas, y tengo la convicción de que la cárcel fue, para mí, el horno donde mi aleación fue cocida. Al rojo vivo, endurecido en la fe, estoy dispuesto a aceptar la misión que el Señor tiene prevista para mí, pues la prisión sólo fue una primera escuela. Otras, tal vez con grado de dificultad diferente, me esperan.

dieciséis

Viernes 13

Y la verdad os hará libres.
—San Juan 8:32

—¿Quién es Leonardo Cabrera Arias?

La pregunta la hacían los miembros de la guarnición que, antes del desayuno, del viernes 13 de febrero de 1998, llegaron a la celda donde me encontraba.

—Soy yo... — respondí, sorprendido de pronto. Habíamos realizado un animoso culto en la víspera, y me encontraba en ese momento, después de haber orado y como todos los días al despertar, acomodando algunos libros y materiales. Para esa jornada, tenía previsto otro culto: en este caso, por petición de un muchacho de una celda que deseaba rendirle honores a su niña difunta, la que cumplía años de muerta para esa fecha.

—¿Cuál es su cama?

—Esta...

—Recoja todas sus pertenencias: no puede repartir nada entre los demás presos, y no se puede despedir de nadie...

La brusquedad de estas órdenes aumentó el nerviosismo que me había ganado desde la llegada de los representantes del orden. Es usual el estado nervioso entre los presidiarios, aun en casos que conocen el objetivo para el cual son llamados. Mientras ejecutaba lo que se me había orientado, una multitud de pensamientos convertía mi cabeza en el vértice de un ciclón: "¿Sería trasladado en cordillera para la prisión de Camagüey? ¿Realizarían una reconcentración de presos de conciencia? ¿Sería llevado a otro destacamento dentro del mismo penal?

Esa mañana había tenido el presentimiento de que algo acontecería, pero no sabía con exactitud de qué se trataba. A pesar de la prohibición, de no dejar ninguna de mis pertenencias a otros, llevé una caja de libros de materiales bibliográficos diversos a Pedro de la Rosa, un preso político que estaba en la celda siete.

No podía cargar con ella, y pensé que él sería quien le daría su verdadero valor, aprovechando, convenientemente, su contenido. Tampoco pude evitar que algunos compañeros de celda tomaran, por su cuenta, libros y folletos. En ese momento de tanta tensión, no tenía claro discernimiento, sobre lo que ocurría.

La despedida de los hombres, con los que llevaba conviviendo tanto tiempo, fue inevitable. Muchos de ellos se habían convertido por mis prédicas, y otros, sin haber aceptado al Señor, habían conocido de Él en los momentos en que el Espíritu Santo derramaba el verbo por mi boca. David el Ronco me dijo con mucha sinceridad: "No temas, hermano, Dios está contigo". Pedro de la Rosa me había dicho cuando fui a su celda: "No te preocupes, está llegando lo que tanto hemos esperado".

Cuando salí al pasillo, la noticia de que la guarnición había ido a buscarme, había llegado hasta el más apartado rincón del destacamento. De todas las celdas, me saludaban y me alentaban: "Hermano, que Dios te bendiga", me decían.

Frente a la oficina del reeducador, me hicieron esperar un rato. Mi tensión no disminuía; estando allí, vi llegar a Alexis Maestre, un preso político manzanillero que, por esos días, sería puesto en libertad, según se había filtrado a través de los médicos, quienes le habían realizado un chequeo. Mi expectativa creció, sobre todo, porque tampoco él sabía el porqué nos sacaban de nuestras celdas. Ya en la sala de la prisión, coincidimos con mi hermano en Cristo Jorge. Éste estaba en el clímax de la excitación, igualmente desorientado, y su naturaleza desconfiada le hacía alterarse todavía más. En eso, vimos a Lino bajar las escaleras, con una amplia sonrisa en los labios: "Parece que nos vamos en libertad", fue su saludo, con el optimismo que él logra sacar aun en los peores momentos. Su alegría nos contagió y provocó nuestros susurros especuladores. Al vernos en el cuchicheo, el capitán Jorge Ramos, segundo jefe de la prisión, se nos acercó y me dijo:

—Leo, ¿Cómo es que dice la Biblia, para estos momentos?

—"Mira que te mando que te esfuerces, y que seas valiente; no temas ni desmayes, porque Jehová tu Dios estará contigo en dondequiera que vayas" — le cité, así, el versículo 9, del primer capítulo de Josué.

—Así mismo es — afirmó, con toda seguridad —. Su Dios está con ustedes, no se preocupen…

Unos maestros que nos conocían y estaban por allí, nos hacían señas por detrás de los oficiales que nos iríamos en libertad. En eso, trajeron a Tiburcio Félix Ramírez, un viejo preso político de Pilón, que se había pasado la noche en rebeldía, gritando consignas antigubernamentales. Unido a su escasa visión, el estado de alteración que le acompañaba le impedía reconocernos cuando nos montaron en el Jeep militar, en el cual nos condujeron a la Sección Provincial de Cárceles y Prisiones, distante unos 500 metros de allí, ya fuera de los muros y alambradas exteriores del reclusorio.

En ese lugar, nos encontramos con Ramiro: él había sido conducido minutos antes, con otros presos políticos. Lo vimos al final de un pasillo, dentro de la oficina del jefe de la Sección. Estaba sonriente cuando salió. Aunque teníamos orientación de no movernos del sitio donde nos hacían esperar, me adelanté al encuentro de mi hermano en Cristo y nos abrazamos, — ¿De qué se trata? — le pregunté al oído.

—Esta es la libertad — me respondió.

Toda duda se despejó al instante. "Ahora conozco que Jehová salva a su ungido" (Salmo 20:6).

A continuación, nos hicieron pasar a nosotros a la misma oficina, donde varios oficiales de la máxima jefatura de esa Sección del Ministerio del Interior nos esperaban.

—Los hemos reunido aquí — dijo, uno de ellos — porque, por petición del Papa Juan Pablo II, en su reciente visita al país, y por decreto del Consejo de Estado aprobado ayer, quedan indultados dentro de la Isla. Otros presos políticos, considerados peligrosos, deberán partir al extranjero inmediatamente, pero ustedes pueden reintegrarse a la sociedad como ciudadanos normales. Esto, por supuesto, no quiere decir que quedan exentos de regresar aquí, en cualquier momento, si vuelven a ser sancionados por las leyes revolucionarias.

Después de recibir la carta de libertad, ser cacheados y despojados de las pertenencias de la cárcel que traíamos, pudimos salir a la carretera. Ya Ramiro estaba haciendo señas, y había parado un carro. Lo abordamos en dirección a Bayamo. Los que procedían de lugares costeros, tomaron la ruta de Manzanillo. Nosotros cuatro, los de la Causa 4/94, nos dirigimos directamente a la catedral bayamesa. Eran las 9:20 de la mañana, cuando tocamos a su puerta. Hacía sólo una hora habíamos dejado atrás el laberíntico edificio donde, más que reformarse, cientos de hombres encuentran allanado el camino de la perdición. Frente a la histórica iglesia, todavía no nos encontrábamos en un estado de recuperación. Aún hoy, secuelas de aquellos años de alevosía y ultraje, pero de victorias, perduran en algunas de nuestras reacciones.

Una muchacha nos recibió y, rápidamente, fuimos conducidos a la Capilla de los Dolores, en el interior de la vetusta construcción sometida, en ese momento, a la restauración capital que la salvaba de convertirse en ruinas y polvo.

—Han hecho como el único leproso, que regresó a darle gracias al Señor cuando, diez de ellos fueron sanados por el Mesías. De cierta forma, el dolor experimentado por ustedes también es como la lepra. Sólo a Dios debemos agradecer tanta bondad: ser agradecidos es una manera de retribuir a Jesucristo su amor por nosotros.

Así nos habló el Padre Moncho, dominicano recién llegado a la Diócesis para realizar su ministerio en estas tierras por algún tiempo. El Obispo se encontraba ausente de la ciudad en ese instante. Ya, en la vecindad del templo, se había dispersado el comentario de nuestra llegada, y varias personas se habían acercado al lugar donde nos encontrábamos. Ente ellas, Caridad Calá, una amorosa mujer que todo el tiempo de nuestra prisión, nos ayudó muchísimo de diversas formas, y con quien establecimos nexos familiares indisolubles. Desde muy temprano, los medios de comunicación, sobre todo la radio, habían estado transmitiendo la nota oficial emitida por la aprobación del indulto de un grupo de presidiarios atendiendo la petición de Juan Pablo II, y existía la expectativa.

Antes de salir de la única capilla que se salvó del arrasador incendio del 12 de enero de 1869, pedí hacer una oración de gratitud a nuestro Señor Jesucristo. Todos los presentes se sumaron a nuestra alabanza, y la gracia del Altísimo se derramaba sobre nosotros. Como habíamos asegurado a quienes trataban de vejarnos, sólo Él decidiría el tiempo preciso de nuestra salida en libertad. Y ese crucial minuto había llegado.

Después de invitarnos a una merienda y de intercambiar un poco con nosotros, los ministros católicos alquilaron una máquina para que nos transportara a nuestro pueblo, donde todavía desconocían de nuestra libertad. En menos de una hora, estábamos entrando a la barriada que nos vio nacer, crecer, formarnos como hombres y entregarnos a Cristo Jesús. La misma que, cuatro años antes, nos había visto partir ultrajados, calumniados y vilipendiados.

Me desmonté en la esquina de mi casa: mi esposa no se encontraba, porque andaba haciendo gestiones, por un hermano suyo. Mis hijos estaban en la casa de mi madre, no muy distante de allí. Como en una nube, me trasladé hasta la puerta de mi desvencijado hogar. Allí mismo, caí de rodillas y oré, oré...oré con intensidad. Oré no sé cuánto tiempo; oré por la bondad sin límites del Dios que me guía; oré porque, finalmente, volvería a abrazar en mi propio ámbito, a mis seres queridos; oré, porque regresaba a donde el verde de las plantas, el brillo del sol y el azul del cielo son reales, y no fragmentos regateados; oré por el amor de Cristo. Oré, oré, oré...

Cuando me paré, una multitud de vecinos se habían aglomerado a mi alrededor: las lágrimas arrasaban los semblantes. Entre ellos, vi llegar corriendo a mi madre, y a mis hijos. Gracias, mi Dios, gracias: sólo tú, sabes cómo guardo en mi corazón esa hora. El Espíritu Santo había descendido, y nos ungía. "Cuando llegó el día de Pentecostés, estaban todos unánimes juntos. Y, de repente, vino del cielo un estruendo como de un viento recio que soplaba, el cual llenó toda la casa donde estaban sentados" (Hechos 2:1-2).

Tampoco sé cuánto tiempo estuve estrechando entre mis brazos a esas personas que, en los últimos años, no habían conocido el significado del sosiego, la tranquilidad, el calor del hijo y del padre. Adan, mi hijo más pequeño, nunca me había visto de manera consciente fuera de la cárcel; allí mismo, a la puerta de nuestra casa. Ya había cumplido los cuatro años hacía varios meses y el papá, para él, era un hombre tal vez un poco extraño del que su mamá, hermanos y demás familiares le hablaban, y que iba a ver a la prisión, pero que nunca más había percibido, ejerciendo directamente esa importante función familiar.

Los vecinos me dieron la bienvenida con efusividad. Incluso, muchos de los que tiempos antes habían testimoniado en mi contra, ahora me recibían sensibilizados. Una transformación se había operado en todos: Dios había cambiado su mirada acusadora, y ya no me veían como una amenaza, como algunos habían sido capaces de calificarme. Varios de ellos, que nunca habían aceptado la salvación a través de Cristo, a pesar de las prédicas constantes de Zoe, se sintieron tocados por el Señor en ese momento, y se entregaron, sin reservas, a Él: así obra el Magnífico.

Zoe llegó por la tarde: las gestiones que realizaba le tomaron casi todo el día. En Santa Rita, se había encontrado con el Padre

Rafael Couso, párroco católico de Jiguaní, quien siempre estuvo muy atento de nuestro caso, y él le dio la noticia de que yo estaba fuera de la cárcel. Dice ella que, lejos de prepararse con esa información, se puso nerviosa. En el carro donde viajaba, de regreso al pueblo, no pudo evitar el llanto cuando le preguntaron por mí. Y mientras más trataban de hacerle controlarse, menos lo lograban.

Cuando descendió del transporte y fue vista por los vecinos, éstos fueron corriendo a decírselo, pensando que desconocía la nueva. Yo me encontraba en la casa de mi madre, y hacia allá fue directamente, orientada por quienes lo sabían y se lo dijeron en la calle sin darle tiempo a otra cosa.

Me es imposible describir ese encuentro: sólo Dios es testigo de la verdadera intensidad del abrazo en que nos fundimos. Las lágrimas, de la emoción, continuaron fluyendo. Nuestro pacto de amor no había sido defraudado en todo este tiempo de mi ausencia, y de duro bregar con las dificultades de ella, y la familia. El timón de mi barco familiar lleva su nombre: sólo por la entereza con que enfrentó las repetidas tormentas que se sucedieron en mi ausencia, pude llegar a puerto y encontrar a mi nave vencedora. Gracias, Jesucristo, gracias a tu bondad, mi hogar se mantuvo incólume, triunfador.

Pero, aunque no sabían con exactitud cuál sería el día de mi salida, como me ocurría a mí mismo, varias personas tenían la certeza de que tal momento se acercaba. Y así se lo habían hecho saber a Zoe, alentándola en su lucha. Es el caso de Santa, una señora de mi iglesia que, en visión, me había visto llegar. Esta mujer tiene un conmovedor testimonio: como ella misma suele decir, si se mantiene entre los vivos, es únicamente gracias al Señor. Primeramente, fue presa por unos diez años de una enfermedad psiquiátrica severa durante la cual estuvo ingresada en el hospital para enfermos mentales, durante largo tiempo y donde le aplicaron, repetidas veces, descargas de choques eléctricos. Cuando era llevada a su casa, los vecinos les aconsejaban a sus hijos que la condujeran donde un curandero. Sin embargo, en medio de su enajenamiento, ella se negaba y pedía que buscaran a Juan y Cuca, los primeros pastores de la Iglesia Santa Pentecostés del pueblo, padres de Dorca, la pastora de mi iglesia.

Así se convirtió al cristianismo y se curó de su enfermedad, que parecía sentenciarla a un estado de locura irremediable. Después de esto, volvió a caer enferma de gravedad y no se contaba con su vida, como se lo decían fríamente los médicos a una de sus hijas, quien es enfermera. Esta vez era una úlcera que obligó a una delicada operación, durante la cual le fue extraído casi todo el estómago y parte del duodeno. Sólo su fe de que viviría para agradecerle a Jesucristo, la salvó de la muerte, la que parecía apuntarla con su dedo.

Y, más recientemente, fue víctima de un tumor en el hígado que la volvió a llevar al quirófano, sin que contaran con su sobrevivencia más allá de los días contados por los médicos. Sin embargo, nuevamente, la fe en Cristo la levantó del lecho de muerte, y la devolvió a su hogar, donde lidia con las limitaciones que le han impuesto las intervenciones quirúrgicas, pero gozosa alaba al Altísimo.

La casa de Santa y Rigoberto, su esposo, fue la primera Iglesia de las Asambleas de Dios en las minas de Charco Redondo. Cuando esta congregación surgió en el pueblo en 1992, ellos brindaron su techo para las celebraciones, y allí se mantuvo hasta dos años después, cuando fue conseguido el local que actualmente la alberga. Allí, en esa construcción humilde de madera, fue donde personifiqué al arcángel Gabriel en la Navidad de 1993. Allí se realizó mi boda en enero de 1994; allí fue donde se efectuó un ayuno multitudinario por mi salvación y de mis hermanos de causa, el 14 de marzo del mismo año el día del juicio que nos envió a la cárcel. Y por allí pasé yo momentos antes de ser conducido a prisión, el 15 de marzo.

Pues esta mujer, tan santa, como su mismo nombre, mucho antes de que la intervención de Juan Pablo II fuera una certeza, por un grupo de presidiarios cubanos, encontrándose en oración por mí y mis hermanos encarcelados por la causa cristiana, nos vio llegar de regreso a la casa y nos vio partir hacia otro lugar, vestidos todos de blanco. "Estos que están vestidos de ropas blancas, ¿quiénes son y de dónde han venido? Yo le dije: 'Señor, tú lo sabes'. Y Él me dijo: 'Estos son los que han salido de la gran tribulación, y han lavado sus ropas y las han emblanquecido en la sangre del Cordero" (Apocalipsis 7:13-14).

Otras veces, Santa había tenido visiones cuando oraba por otras personas, y estas se habían cumplido, tal y como nuestro Señor lo había puesto ante sus ojos. Esta vez, no hacía más que comenzar a orar por nuestra liberación, cuando nuestras imágenes se levantaban ante sus ojos. Al cabo de los meses, ocurrió el suceso que nos puso en libertad, e hizo realidad lo que el Espíritu de Dios había adelantado a la varona en sus devotas oraciones.

También fue el caso de Estrellita, una activa muchacha de nuestra congregación que, cuando faltaban menos de un mes para la liberación nuestra, visualizó la siluetas de nosotros en un momento de oración. Ese día, por motivo quizá inexplicable (hasta para ella misma) nos tenía muy presente en su memoria. Por eso, pidió al pastor, en el culto, una oración por los presos. En medio de este acto, ante su mirada, aparecieron unas figuras masculinas, que también oraban de frente al púlpito. Con el pasar del tiempo, ella no está muy segura si eran exactamente nuestras siluetas, pero, en ese instante, tuvo la certeza de que sí lo eran y que muy pronto estaríamos allí, agradeciendo al Señor por su inmensa misericordia y bendición, como ocurrió días después.

Igualmente, el pastor de mi iglesia, Silvio, me narró posteriormente que nuestra salida en libertad significó un avivamiento de la fe en la congregación. Al cabo de cuatro años de oraciones y ayunos por nuestra liberación, los ánimos habían comenzado a decaer. "Dios mío", decían los fieles, "danos una señal de que nuestras aclamaciones no han sido desoídas por ti". Y la prueba definitiva de que el Señor está atento a nuestros ruegos, fue la devolución de nosotros a la vida civil. "Y le dijo Jehová: 'Yo he oído tu oración y tu ruego, que has hecho en mi presencia'" (1 Reyes 9:3).

Muchas personas me han hecho una pregunta que yo mismo me he hecho sin encontrarle una respuesta exacta. ¿Cómo fuimos insertados en la lista de presos que el papa Juan Pablo II entregó a las autoridades cubanas solicitando su indulto?

No sé, en verdad, cuál fue la vía por la cual nuestro caso llegó al vaticano. La causa 4/94 tuvo repercusión internacional desde el principio. Varias organizaciones, nacionales y extranjeras, hicieron gestiones a diferentes instancias intercediendo por nosotros. Nuestros nombres más de una vez aparecieron en la prensa de otros países. Tanto la Iglesia Católica como las evangélicas, nos ofrecieron su apoyo y oraron ante el Señor por nuestra libertad. La obra evangelizadora que efectuábamos en la antesala del infierno, validando la existencia de la Iglesia del Silencio que perdura, a pesar de nuestra ausencia en aquel lugar, trascendió los límites de la prisión, de la provincia, de la isla, a contrapelo del esfuerzo silenciador de las autoridades.

Más de una personalidad internacional averiguó, con detalles, la situación en que nos encontrábamos. Puedo citar el ejemplo de Monseñor Beniamino Stella, Nuncio Apostólico del Vaticano en Cuba, en ocasión de la visita realizada a la diócesis de Bayamo-Manzanillo, cuando preparaba la venida del Papa. Este importante funcionario de la Iglesia Católica estuvo en la parroquia de mi pueblo, y se entrevistó con mi hermano Paco, y con Norma, la mamá de Lino. En esa oportunidad, solicitó información minuciosa sobre nosotros.

En fin, múltiples pudieron ser los caminos recorridos por nuestros nombres para ser incluidos en una lista que hubiese podido ser interminable. Sin embargo, la sabiduría de Jesucristo no tiene parangón: su poder y benignidad no nos desampararon ni un instante, y la recompensa fue esa: nuestro indulto, aún cuando muchos de los contemplados en el listado continúan entre rejas, por decisión de las autoridades cubanas. La visita pastoral de Juan Pablo II a la isla, y su intercesión delante del gobierno del país, fue el medio del que se valió el Altísimo, para lograr la realización de su plan para con nosotros. ¡Alabado sea Dios!

Pocos días después de nuestra salida de prisión, fuimos entrevistados por la cadena televisiva CNN. El periodista no dejó pasar una pregunta, que también rondaba en la opinión pública internacional: "¿Por qué habíamos sido indultados para el interior de Cuba, cuando varios de los que salieron en libertad por igual vía a la nuestra, rápidamente habían sido sacados del país?".

Mi respuesta fue tajante: porque las autoridades cubanas tenían la certeza de que nosotros no significábamos un peligro para el proceso social de la isla. Nuestra actividad evangelizadora, por la que fuimos llevados a prisión, (pues jamás pudieron comprobar todos los cargos de los cuales se nos inculpaba), no constituía ni constituye una amenaza para el sistema implantado hace cuatro décadas. Por el contrario: en la misma prisión se comprobó que, en más de una oportunidad, logramos actitudes positivas, en hombres que la labor reeducadora no había hecho más que deformar.

Ya estábamos en libertad. "Ahora entiendo verdaderamente que el Señor ha enviado su ángel" (Hechos 12:11).

Jesucristo cumplía, de esa forma, una parte de su plan para con nosotros. A partir del mismo minuto en que la carta de indulto fue depositada en nuestras manos, comenzó una nueva fase de la misión que el Altísimo nos encomendó. El mito que da fatídica connotación al viernes 13 en la cárcel, fue despedazado con nuestro indulto. Una vez más, Jesús se glorificaba...

Epílogo

*Jehová me ha premiado conforme a mi justicia, conforme a la
limpieza de mis manos me ha recompensado. Porque yo he guardado
los caminos de Jehová, y no me apartaré impíamente de mi Dios.*

—2 SAMUEL 22:21-22

En septiembre de 1994, un convertido al cristianismo en la Iglesia
de Silencio tuvo una revelación que seguidamente cuento tal y
como él me la narró.

> *Se me presentó el Señor, y me pidió estrechar mi mano con
> la suya. Al hacer esto, sentí cómo su poder penetraba en
> mi cuerpo, y una bella luz me iluminaba. Entonces, volvió
> a hablarme con estas expresiones: "He venido para darte
> parte de mi fuerza, pues predicarás la Palabra en este país
> y en el extranjero. Serás un ejemplo para todos los cubanos,
> y así podrán creer aún más en la existencia de un Dios todo-
> poderoso". De pronto, ya no me encontraba en la prisión,
> sino en el interior de la Iglesia Católica de Bayamo, donde
> un Padre hablaba del Evangelio a un grupo de feligreses.
> Pedí permiso para testimoniar sobre el mensaje del Señor.
> Cuando los presentes me escucharon, se asombraron y
> dieron gracias al Altísimo, por haberles mandado a un
> predicador tan grande. También dijeron: "Hay que llevarlo
> a los Estados Unidos, para que Yiye Ávila lo conozca, y lo
> presente al mundo".*
>
> *A continuación, me encontré junto a ese siervo de Dios
> en un lugar inmenso, donde cabían miles de personas y de
> donde se transmitía por televisión para todo el planeta.
> Entonces, le dije: "Tienes que estar preparado, porque lo
> que he venido a hacer es en grande. Lo mismo recibirán la
> bendición del Señor los que están aquí presentes como los
> que están en sus casas viendo por televisión". Yiye Ávila me*

presentó: "Ha venido, de Cuba, un hermano a traernos un
gran mensaje. Los dejo con él". Comencé la predicación, lleno
de poder, pero ya no era yo, sino el Altísimo personalmente
quien estaba conmigo, llevando el lindo mensaje. De repente,
dije: "Reciban, ahora mismo, en el nombre de Jesucristo...".
Haciendo un gesto con mi mano derecha, salió una luz que
alumbró a todos, y una corriente que sanó a los enfermos.
Hasta los televidentes lo recibieron, pues era el Señor quien
predicaba en ese momento. Yo veía a Yiye Ávila muy contento
al lado mío, y era que la gente gritaba de alegría y quería
subir al podio donde nos encontrábamos. Lo que ocurría,
en realidad, era que el público había visto sobre nuestras
cabezas una inmensa luz y al Señor con sus siete ángeles
dándonos su poder para que se lo transmitiéramos a todo el
mundo. También observé una caja, en la que miles y miles de
personas depositaban ofrendas en dinero y Yiye decía: "Esta
es la recogida más grande de Dios todopoderoso".

El recuerdo de esta revelación estuvo dormido en mi memoria
por mucho tiempo. Sólo poco después de mi salida de la prisión,
volvió a activarse. El cariz que tomaban los acontecimientos actuó
como recurso nemotécnico. Las experiencias que comencé a vivir,
a partir del minuto mismo en que fui indultado, junto con mis
hermanos de causa, comenzaron a parecerme demasiados coinci-
dentes con la historia contada años antes por el fiel de la Iglesia
del Silencio. Todo empezó con la visita nuestra, con la Catedral de
Bayamo, una hora exacta después de salir de los muros y rejas de
la cárcel. No sólo eso, sino lo que nos esperaba a continuación.

Si bien alguna vez junto con mi esposa había ponderado la posibilidad de emigrar a los Estados Unidos en busca de un ambiente
económico más favorable para la familia y de un clima político
menos opresivo, a la hora de salir en libertad no estaba muy seguro de que fuera eso lo que en verdad quisiera. Mi mayor deseo era
seguir realizando la obra evangelizadora, a partir de ese momento,
con mayor amplitud, siempre a la sombra de la Iglesia Pentecostal
Asambleas de Dios. Acosado por la duda, y por la facilidad que
se me presentaba para realizar cualquier trámite migratorio, me
entregué a la oración, pidiendo discernimiento al Todopoderoso.
Sólo en sus manos estaba señalar el camino a seguir.

A finales de febrero, Zoe tenía que viajar a La Habana, en busca de la ayuda económica que la Unión Europea ofrecía a mi familia. Onelia iría con ella, la esposa de Lino, quien tenía similar propósito. El día en que ellas emprendieron el viaje, no habíamos llegado a la conclusión sobre lo que haríamos. Sin embargo, ya en la capital, dice Zoe que impelida por un impulso no meditado, se dirigieron al Departamento de Refugiados Políticos y Religiosos de la Sección de Intereses Norteamericanos en Cuba e hicieron la solicitud de los formularios para emigrar hacia ese país. Posteriormente, sentiríamos que ese acto estuvo guiado por la voluntad de Dios. Por su parte, la seguridad del Estado no había quedado conforme con nuestro indulto. Al parecer, sus múltiples fracasos en la intención de hacernos parecer como culpables de tanta infamia, y aún de obligarnos a firmar falsas declaraciones, le había dejado un regusto amargo en la boca. Recuerdo la última ocasión en que intentaron hacerme aceptar los cargos de la Causa 4/94. Era noviembre de 1997. Un capitán de Santiago de Cuba se entrevistó conmigo durante dos días: la lisonja fluía de sus labios, con facilidad, pues esa era su estrategia. "Los dichos de su boca son más blandos que mantequilla, pero guerra hay en su corazón; suaviza sus palabras más que el aceite, mas ellas son espadas desnudas" (Salmo 55:21).

Yo, con mi visión humana, no percibía el verdadero alcance del ataque satánico. No obstante, me inquietaba. El último día del diálogo, sólo faltaba la redacción de mi supuesta declaración y mi firma aprobatoria de cuanto se recogía allí. Mientras el oficial daba forma a aquello y almorzaba, me entregué en oración a mi Señor, pidiéndole orientación y claridad. Cuando volví a ser conducido ante el capitán, y leí el panfleto que con mucha alegría me extendió, sentí que mi Dios me hablaba con precisión: No firmar. "Echa sobre Jehová tu carga, y él te sustentara" (Salmo 55:22).

Como en veces anteriores, le recordé a aquel hombre que, si mi libertad dependía de la aceptación de tanta mentira, continuaría en el presidio que sólo Dios determinaría cuándo me correspondería dejar de sufrir tanta iniquidad. El semblante del oficial cambió de color: el triunfo que ya saboreaba, se convirtió en derrota. Tal vez ya disfrutaba en su interior del estímulo que recibiría por lograr algo que otros habían intentado infructuosamente. Pero la guía segura de Señor no permite que sus siervos caigan en trampas.

Desde el día de mi despedida definitiva de la prisión nueva de Granma hasta hoy, cuando estoy a punto de abordar, junto con mi familia, el avión que me conduciría a tierras norteamericanas, he sido visitado múltiples veces por oficiales de la seguridad del Estado. Un estricto control de mis pasos, y de los movimientos de Jorge, Lino y Ramiro también es llevado por ellos. A cada rato, la motocicleta con el asiento de pasajeros se deja escuchar frente a nuestra casa. A veces, cualquier ruido similar sobresalta a los nuestros quienes recuerdan los peores momentos del proceso que estábamos protagonizando. En los diálogos que sosteníamos en esas visitas, los miembros del cuerpo del Ministerio del Interior cuestionaban, sin insidia, cada uno de los actos o procedimientos que ejecutábamos. Incluso, más de una vez, sentí traslucir la amenaza en sus advertencias. Aquello de que podríamos reintegrarnos a la sociedad como ciudadanos corrientes, eran palabras salidas de una boca sin convicción. Pues, ¿qué ciudadano es seguido de una forma tan minuciosa? ¿No hay acaso, en ello, una deliberada intención de acoso?

Ocho días después de nuestra salida en libertad el veintiuno de febrero, justo cuando cumplía mis treinta y seis años de edad, recibimos la primera citación: debíamos presentarnos en la funeraria del pueblo para una reunión. También habían sido citado representantes de organizaciones políticas y civiles asimiladas al gobierno (CDR, CTC, FMC). Cuando llegaron los oficiales de la seguridad, nos dijeron que podíamos retirarnos, que se reunirían solamente con aquellos otros, pues se trataba de impartirles orientaciones de cómo debíamos ser tratados en la comunidad. Mientras estaba en ese lugar, oré a Jesucristo y su respuesta me llegó a través de Gálatas 5:10: "Yo confió respecto de vosotros en el Señor, que no penséis de otro modo; mas el que os perturba llevará la sentencia, quienquiera que sea".

La certeza de que por mucho que nos rondaran como gato al ratón no lograrían llevarnos nuevamente a la cárcel, me llegó en ese instante. A partir de entonces, asumo casi como una rutina esas visitas. También fue la confirmación de que difícilmente podía edificar una vida tranquila, sosegada para mi familia y para mí en mi país. Sin duda, Cristo Jesús, nuestro único líder, nos conduce hacia lugares donde su ministerio sea nuestra principal ocupación.

En ese tiempo, hemos tenido la oportunidad de testimoniar en diversos sitios. Las invitaciones nos han llegado procedentes de iglesias y congregaciones diferentes. Todo el que ha conocido de la obra evangelizadora en la prisión, de los milagros realizados por Jesucristo a través de nosotros en la antesala del infierno, del cuerpo tomado por la Iglesia del Silencio a contrapelo de los ataques satánicos múltiples, ha querido escuchar, de primera voz, la narración. También recibimos muchas muestras de afecto. Las personas no se han conformado con conocer el testimonio de los días terribles y, a la vez victoriosos, de los misioneros cristianos en la cárcel. Nos manifiestan su apoyo con sincera devoción e, incluso, en ocasiones, nos han hecho valiosas donaciones, contribuyendo al sustento de nuestras familias.

Dios, siempre a nuestro lado, posibilita nuestra subsistencia, a pesar de la pobreza material que nos fustiga. Muchas veces, he partido de viaje hacia La Habana, dejando a Zoe casi sin dinero para la cotidianidad. Sin embargo, he confiado en que no carecerían ella y los niños del alimento necesario para cada hora del día. "Mi Dios; pues, suplirá todo lo que os falta, conforme a sus riquezas en gloria en Cristo Jesús (Filipenses 4:19).

Y no ha sido sólo en esos casos. El Unigénito no ha permitido que, a pesar de las dificultades económicas tan serias que tenemos en casa, nos quedemos sin realizar cada una de las comidas diarias. Sólo dejamos de tomar el alimento cuando ayunamos, como tributo al Señor.

Por los días iniciales en libertad, tuve la confirmación de que un sueño mío, tenido en la prisión, estaba inspirado por Jesús. Uno de los principales golpes que recibí en la cárcel, fue ver a jóvenes, casi niños, sometidos a las peores aberraciones. La mayoría de ellos cumplía sentencia en escuelas de reeducación de menores, donde se deformaron aún más, al cumplir la edad de adultos en aquellas celdas. Se encontraban rodeados por hombres sin escrúpulos que los ultrajaban a su antojo, a la vez que los imbuían en el mal. En una ocasión, por ejemplo, a mi vecindad fue trasladado un muchacho que había sido violado por dos de aquellos hombres, los cuales no habían sido juzgados por las autoridades. Cuando reclamé al oficial pertinente, éste me aseguró que allí no se cometían actos de ese tipo; ni de drogadicción, ni otros degradadores de la moral. Todas estas saturaciones me hicieron concebir la necesidad de una escuela cristiana, no sólo para niños ya encaminados en la senda de la fe, sino principalmente para infantes procedentes de hogares donde la propensión a la delincuencia y la inmoralidad fuera muy fuerte. "Instruye al niño en su camino y aún cuando fuera viejo no se apartará de él" (Proverbios 22:6).

Inicialmente, sería un campamento de verano que, al madurar, se convertiría en escuela, donde además de asignaturas básicas como matemáticas, lengua materna e idiomas extranjeros, se impartirían otras como teología, estudios bíblicos, doctrina, intercesión, predicación, evangelismo. O sea, que al salir de allí, los jóvenes estuvieran preparados para asumir una misión, la cual debía comenzar por sus propios hogares y por su comunidad. Mi idea abarcaba no sólo a mi pueblo y mi país, sino varias naciones de América Latina, donde existen tantas zonas marginales, propiciatorias de actitudes degradantes en los niños y jóvenes. El ciclo de estudio se extendería a las enseñanzas primaria y secundaria y, por supuesto, al concluir, cada uno de los educados quedaría libre de elegir su futuro. Claro, la inclinación por la obra misionera sería el éxito mayor.

En la concepción de la idea, había pensado crear el primer campamento en un sitio ubicado en los linderos de mi pueblo, cercano al río, con un paisaje y una vista maravillosos y, sobre todo, muy apacibles. También, había pensado que será atendido por dos muchachas conocidas por mí que alguna vez me habían manifestado su gusto por trabajar con niños, y que me parecían, por sus carismas, las ideales: Amelia Arias, médico veterinario, vecina mía de toda la vida, y María Luisa, doctora en medicina humana, habanera que, por un tiempo, había trabajado en el hospital del pueblo, y con quien mi esposa y yo establecimos magníficos vínculos. La confirmación de que esta idea era inspirada por Dios, me llegó de tres formas diferentes, relacionadas con la concepción inicial.

No había acabado de salir de la prisión, prácticamente, cuando esbocé a Silvio, el pastor de mi iglesia, ese proyecto que se convertiría, con el pasar de los días, en una de mis principales aspiraciones para el futuro. Cuál sería mi regocijo, al saber que ya la Iglesia estaba haciendo gestiones para comprar un terreno con similares objetivos... Pero todavía más que esa porción de tierra, era precisamente la que me había representado en el pensamiento estando en la cárcel. ¡Aleluya! Si aún no era propiedad de las Asambleas de Dios era porque, a pesar del bajo precio que los dueños le pusieron, nuestra Iglesia carecía de ese dinero. No obstante, dialogué con ellos, y me dieron la seguridad de que no venderían la tierra a nadie más que a nosotros, aunque tuvieran que esperar mucho tiempo.

Todavía, en el momento en que redacto este escrito, no se ha realizado la transacción a nuestro favor. Sin embargo, con la bendición de Dios, pienso que entre las primeras ayudas que daré a mi congregación desde el país que me acoge, estará esa: la de proporcionar el dinero necesario para la adquisición del terreno. ¡Alabado sea el Señor! Cuando hice partícipe a Amelia de mis intenciones para con ella, su primera reacción fue de rechazo: no le interesaba para nada mi proyecto. No sentía, en lo más íntimo de su corazón, que tuviera algo que ver con aquello. El día que sostuvimos el diálogo sobre este tema, después que partió de mi casa, le dije a Zoe: "Si mi idea de la escuela es el plan de Dios y Amelita está en comunión con Él, aceptará mi propuesta, a pesar de su actitud de hoy".

Pocos días después, sus padres fueron a visitarla en Holguín, donde trabaja, y donde se encontraba enferma. Al regreso, Chavela, su mamá, una devota católica, me comunicó que, conversando con su hija, ella le dijo que sí, que si se hacía realidad ese proyecto mío, y yo seguía teniéndola en cuenta, aceptaría dedicarse a Él. ¡Gloria a Dios!

María Luisa supo de esto en una de nuestras últimas visitas a su casa, en La Habana. El caso de ella es bastante particular, pues todavía se mantiene soltera, aunque pasa de los 30 años, y es muy apegada a sus padres, por ser única hija. Ellos la sobreprotegen mucho, y, más de una vez, han hecho patente su intención de no permitirle viajar al extranjero mientras vivan, aún cuando sea invitada. Esa negativa se convertía en barrera para mis planes pues, desde que concebí la idea de la escuela, consideré que los principales encargados de ella se entrenarán o prepararán en países donde, de cierta forma, existía una mayor apertura y se desarrollen proyectos con características similares al mío. Al plantearles esto a María Luisa y su mamá, pensé que inevitablemente chocaría contra el muro de la progenitora, y que tendría que hacer gala de grandes dotes persuasivas. Sin embargo, la alegría me llenó cuando, sin reparos, ella estuvo de acuerdo en permitirle realizar viajes al extranjero si la invitación venía de mi esposa y de mí. ¡Aleluya! Dios me daba consentimiento para realizar su voluntad de educar a los niños y jóvenes en sus enseñanzas, convirtiéndolos en sus soldados. Y esa es una de las principales misiones que me esperan: aún distante de mi terruño, no cejaré, hasta tanto no logre crear las condiciones adecuadas para fundar una escuela cristiana. Posteriormente, trataré de extender la idea a otras partes de Cuba y del continente americano.

En estos meses de espera, trámites y diligencias, he tenido varias noticias de la prisión; algunas positivas, algunas negativas. Pero una, muy alentadora: a pesar de nuestra ausencia, la Iglesia del Silencio se mantiene en pie. Muchos de los que no oyeron el llamado de Jesucristo cuando nosotros se lo comunicábamos, se quejan ahora por su tozudez. Sin embargo, son incapaces de acercarse a los discípulos nuestros que quedaron allí. La mayoría de estos convertidos, luego de su llegada a la antesala del infierno, tomaron el lugar dejado por nosotros, y hacen ingentes esfuerzos para continuar la obra evangelizadora. No sé con exactitud cuáles son los frutos de su labor, pero sí tengo la certeza de que el Señor los alumbrará, para mantener viva su llama en las tinieblas satánicas. A lo mejor, en el futuro, tenemos noticias del bello testimonio que hoy se construye entre rejas. Casi tengo la certeza de que nunca más dejará de existir la iglesia, erigida por nosotros en el nombre de Cristo. Ayer fuimos sus fundadores, quienes batallamos de frente a los demonios, por salvar las almas atrapadas en las terribles redes; hoy son nuestros discípulos, para quienes pido la bendición de Dios, los continuadores de la lucha. Y mañana serán otros ungidos por Jesús los que mantendrán vigente la Palabra de Vida en aquel sitio de perdición, traiciones e iniquidad.

El martes 29 de septiembre de 1998, será una fecha trascendente para mi familia y para mí: marcará un antes y un después en nuestras vidas. Ese día abordaremos el avión que nos conducirá definitivamente al exilio. Hará entonces, exactamente, tres meses que recibimos la aprobación por parte del estado norteamericano para residir en esa nación. Mi esposa, mis hijos, mi padre y yo acabaremos de sortear una larguísima y molesta lista de trámites burocráticos que, en más de una oportunidad, me hicieron dudar de que en verdad se pudiera llevar a efecto nuestra partida. Gracias a Dios que en todos los momentos nos bendice. Hemos podido salir indemnes y triunfantes en esta prueba. Creo que, ante las vallas que constantemente se erigen delante de nuestros ojos, crece mi fe.

Pocos confiaban, por ejemplo, que pudiera obtener todo el dinero que, por los seis, tuve que pagar como impuesto al estado cubano: ¡3,200 dólares! Pero no sólo Jesucristo sabe, por donde caminan sus hijos, y cuál es su propósito para con ellos. Él es el único que permite llegar, hasta el final de la senda, si es su voluntad. Y, sin dudas, nuestro caso está en sus manos.

Cuando viajamos a La Habana en junio, para asistir a la segunda entrevista con los funcionarios del Departamento de los Refugiados de la Sección de Intereses de los Estados Unidos, llevé una Biblia como regalo a un entrañable amigo quien, en más de una oportunidad, me ha mostrado su afecto e incondicional apoyo. Él, Marcos Ramos, lleva muchos años residiendo en la capital del país, aunque su infancia y adolescencia las vivió en mi pueblo. Su esposa también es oriunda de este lugar. Blanquita, como se llama, a diferencia de Marcos, mantiene a sus padres y a algunos hermanos viviendo en la zona. Por este motivo, cada verano, ellos lo pasan en mi pueblo, disfrutando de las bondades naturales y de la acogida que les brinda el sitio donde nacieron y dieron sus primeros pasos por la vida.

En nuestra niñez, no fuimos más que conocidos, como suele ocurrir en los pueblos pequeños donde el que no se conoce de manera directa, por lo menos tiene alguna referencia a través de su familia. Sin embargo, más tarde, cuando él ya se había mudado para La Habana y visitaba periódicamente la vecindad, establecimos relaciones amistosas e, incluso, compartimos en algunos pequeños negocios.

Entre nosotros, se estableció una empatía profunda; aunque no nos veíamos con frecuencia, aunque el tiempo y la distancia suelen hacer mella en la comunicación, la nuestra se mantenía diáfana. Vernos de año en año no significaba mengua en el diálogo y los intereses comunes. Cuando volvíamos a encontrarnos, al verano siguiente, era como si la despedida hubiese acontecido el día anterior, y continuáramos una conversación iniciada entonces. En nosotros, convergen no sólo la comunidad de intereses generacionales, sino, sobre todo, las necesidades espirituales que nos hacía coincidir en temas profundos y edificantes.

Cuando el primero de septiembre de 1993 fui apresado, Marcos se encontraba de visita en el pueblo, y también fue víctima del acoso. De tal forma, hubo de regresar a su casa habanera, sin haber concluido la temporada que pensaba pasar entre la familia de la esposa. Todavía, en La Habana, sintió la persecución. Su delito era uno: ser amigo mío y de mis hermanos de causa, pero, aún así no se amedrentó, y cada regreso a nuestro barrio, entre las primeras acciones que realizaba, visitaba mi hogar, preocupado por mi familia. Repetidas veces, dio a mi esposa importantes sumas de dinero, con las cuales evitó que ella y los niños naufragaran en las necesidades más perentorias. No tengo duda: Jesucristo lo utilizó para llevar a mi hogar el alimento de cada día. Doy gracias al Señor por haber hecho coincidir mi camino con el de un amigo tan sincero. "En todo tiempo ama el amigo, y es como un hermano en tiempo de angustia" (Proverbios 17:17).

También, mientras estuve en la cárcel, Zoe se hospedó en su casa y en la de sus padres, en algunas de las ocasiones que hubo de viajar a La Habana. Bajo esos techos fue bien recibida siempre con beneplácito y cariño.

En ocasión del viaje de mi familia y el mío a la capital para asistir a la segunda entrevista con los funcionarios de inmigración norteamericanos, ya nos disponíamos a regresar, y no había podido entregar a Marcos la Biblia que le llevaba como regalo. Andar, con otras cinco personas por La Habana no es fácil; las dificultades de transporte que existen y las grandes distancias que hay que recorrer, ponen innumerables obstáculos. Además, todos los días que pasamos allá, la pasamos corriendo de un lado para el otro, haciendo gestiones. Ya estábamos en la estación central del ferrocarril, pronto a abordar el tren de vuelta a Bayamo, y yo conversaba con mi hermano Lino, con quien coincidimos en La Habana, ya que también él andaba en asuntos similares a los nuestros. Le hablaba de la presión que sentía por esos días. En sueños, me había visto peleando, cuerpo a cuerpo, con un demonio. Recordaba que en la cárcel había experimentado esa presión, la cual procedía a veces, de una bendición; en mi cabeza daba vueltas lo relacionado con el dinero para pagar los impuestos de los seis que emigraríamos: tenía fe en que el Señor me posibilitaría tenerlo en la mano a tiempo, pero no sabía cuál sería el medio que emplearía para hacérmelo llegar. Aunque muchas personas me aconsejaban que vendiera los equipos electrodomésticos de mi hogar, por los cuales habría podido hacer una respetable suma de dinero, renuncié a esa opción desde el principio; preferí regalárselos a mi familia y a la de Zoe.

En medio del diálogo con Lino, de pronto vi a través de la rejilla que separa el salón de los pasajes de las otras dependencias de la terminal, a Marcos. ¡Gracias a Dios! Él acababa de llegar, ayudando a su cuñado que viajaría en el mismo tren. Rápidamente, lo llamé a donde estábamos nosotros, y le ofrecí disculpas por no haber ido a su casa a llevarle el presente. Inmediatamente, fui a donde estaba nuestro equipaje y busqué la Biblia, la cual había conservado para él, a pesar de que muchas personas por esos días me habían manifestado su necesidad de un ejemplar de las Santas Escrituras. Al momento de entregársela, le hice una dedicatoria.

—Bueno, ¿Y cómo le fue en la entrevista? — Me preguntó en el breve intercambio.

—Bien, muy bien — le contesté —. Gracias a Dios, nos aprobaron a todos.

—¿Y ahora qué les falta? — Se interesó él.

—El dinero — fue mi lacónica respuesta.

—¿Cuánto necesitan? — volvió a interrogarme.

—3,200 dólares — le dije.

—No te preocupes — me dijo entonces, sin pensarlo dos veces —, yo te voy a prestar esa cantidad.

¡Aleluya! Nuevamente este gran amigo era el instrumento de nuestro Señor Jesucristo para darme aliento en la inmensa fe que a Él profeso. Pocos días después, Marcos, Blanquita y su hijo llegaron al pueblo a vacacionar, como es su tradición, y otra vez me hizo patente su desinteresada intención de proporcionarme el dinero.

Este asunto es lo que más hacía dudar a las personas de nuestra posibilidad de viajar hacia los Estados Unidos. Incluso, a veces, Zoe se salía de sus casillas cuando conversábamos al respecto, y yo le decía que, por fe, tendríamos el dinero a tiempo. Y si así reaccionaba mi compañera, que bien me conoce y tanta batalla ha librado por la fe en Cristo, ¿cómo pensarían los demás? Creo que algunos llegaron a calificarme de loco y fanático. Pero, al cabo de los acontecimientos, han tenido que reconocer que el Señor todo lo puede.

Recuerdo que, cuando asistí al departamento de refugiados para conocer la fecha de la partida, la funcionaria que me atendió me preguntó, reiteradas veces — como si no estuviera segura o desconfiara — que si tenía completo del dinero de los impuestos. Poco después, estando de paso por la iglesia Evangélica Pentecostal pastoreada por el Reverendo Jaime Rodríguez en La Habana, en conversación con una hermana cristiana norteamericana de visita allí, ella me preguntó que si yo tenía la certeza, de que Dios quería que nosotros viajáramos a su país. Y, sin darme tiempo a una respuesta, me espetó otra interrogante:

—¿Cuánto le importan los impuestos?

Al conocer la cantidad, volvió a la carga:

—¿Y ya tiene ese dinero?

Cuando le respondí afirmativamente, no pudo más que darme la razón:

—Entonces, sí creo que Dios está en esto — me dijo —, porque eso es mucho dinero…

Asimismo, en la oficina de emigración de Bayamo, donde se procesó nuestro caso, se admiraron cuando di a conocer mi disposición para pagar. Al parecer, ellos esperaban que el procedimiento nuestro fuera otro. Creían que primero viajaría yo y ya, en los Estados Unidos, enviaría la suma necesaria para los impuestos de los demás. Pero ellos desconocían dos cosas: mi disposición de no poner un pie fuera de mi país sin mi familia, y la presencia de Dios todopoderoso en cada uno de nuestros actos. ¡Aleluya!

Sin embargo, no fue esta la única manera en que el Altísimo suplió nuestras necesidades monetarias relacionadas con los trámites migratorios. Cada vez que se acercaba un viaje a La Habana para el cual necesitábamos dinero, del cual carecíamos, venía algún hermano y nos hacía una donación, sin nosotros haberla solicitado; donación desinteresada que era bendecida por Dios. Igualmente, en La Habana, varias personas de gran corazón nos suministraron dinero que ellas consideraban necesitaríamos en la capital y que, al cabo del viaje, utilizábamos en la cotidianidad del hogar al regreso. Empero, especialmente curioso fue lo que nos ocurrió con las fotografías para la documentación.

Como el servicio particular es más barato que el estatal, recurrimos a él. Escogimos el estudio de un conocido fotógrafo de Bayamo: el Chino, quien vive en la céntrica calle General García. Cuando fuimos a retratarnos para las visas, faltó mi papá; por eso, éramos cinco. El dinero que trajimos era cien pesos, solamente. Las fotos, de costarnos 20 pesos por cada uno, como nos habían dicho que era la tarifa, nos dejarían sin dinero para regresar a la casa.

No obstante, no teníamos otra opción: tendríamos que hacer el camino de vuelta sin un centavo. Pero, cuál sería nuestro regocijo cuando, a la hora de cobrar, el fotógrafo sólo nos solicitó 75 pesos, en total, o sea, 15 pesos por cada persona. De esta manera, hasta pudimos merendar antes de emprender el regreso.

El día que fui a recoger las fotografías, el que se encontraba atendiendo al público era el hijo del Chino, fotógrafo también, quien me dijo:

—Papá se equivocó al cobrarte, pero, cuando vengan a hacerse la foto para el pasaporte, preparen 50 pesos por cada uno, porque quien va a hacer esa soy yo, y no me voy a equivocar.

—Tu papá no se equivocó — le argumenté —. Yo soy un hombre de Dios, y fue mi Señor quien permitió que él cobrara solamente esa cantidad, porque sabía que nuestro dinero era insuficiente.

—En verdad son de Dios — agregó él —, porque aquí es muy difícil que se vaya un error de ese tipo. De todas formas, vengan preparados para la próxima, pues ni Dios los salvará de pagar el dinero completo.

Pero aconteció que, cuando fuimos para la fotografía del pasaporte, no era el hijo el que estaba, sino, nuevamente, el padre; aquel había ido a almorzar en el momento de nuestra llegada. El importe total, esta vez, era de 300 pesos. Sin embargo, volvió a manifestarse la gracia del Todopoderoso, a través del Chino:

—Mi hijo me peleó por cobrarles menos la otra vez — nos dijo —, pero yo los voy a considerar; denme nada más 240 pesos…

¡Alabado sea el Omnipotente! Su bendición se derramaba sobre nosotros, a cada instante y en los momentos menos esperados: esta vez, con una suma de dinero que utilizamos para pagar; no recuerdo con exactitud, si fueron las primeras o las segundas fotografías. Estábamos Zoe y yo realizando la limpieza general en la casa. En el afán por deshacernos de lo inservible, rebuscábamos por todas partes. Así fue como encontramos una vieja libreta de banco, con una cuenta de 17 pesos. Yo quería botarla, porque la consideraba sin valor, pero Zoe me aconsejó que fuera a la agencia cercana a la casa a averiguar. Tanto insistió, que mandé a mi hermano Enrique, y este regresó con una respuesta afirmativa por parte de las empleadas, y entonces fui yo, pero me explicaron que, para cerrar la cuenta, tenía que esperar unos días, tiempo en que ellas se comunicarían con la agencia central de Jiguaní para hacer verificaciones. Al principio, sentí cierto temor; ya estábamos en los procesos migratorios, y no quería afrontar cualquier problema que significara un impedimento. No obstante, no tuve más remedio que dejar la tarjeta allí. Al cabo de cinco días, me llamaron y me dijeron que debía ir a Jiguaní, para efectuar el procedimiento, o sea, cerrar la cuenta, y así lo hice. Y cuál no sería mi sorpresa, cuando me pagaron 120 pesos. ¡La cuenta había crecido, hasta esa cantidad! ¡Aleluya! Dios vio nuestras necesidades, y nos bendijo una vez más. De regreso a la casa, llegué primero a la iglesia y diezmé como 20 pesos.

Sin embargo, a medida que se acortaba el plazo final, aparecían nuevas pruebas en nuestro camino. Son como las pequeñas vallas que se suceden, las unas a las otras, en una pista para carreras, haciendo las veces de obstáculos. Con la diferencia que nosotros los corredores hipotéticos no las vemos venir, hasta tanto no las tenemos delante de nuestros ojos cuando ya tenemos que ejecutar el salto para vencerlas. "Amados, no os sorprendáis del fuego de prueba que os ha sobrevenido, como si alguna cosa extraña os aconteciese" (1 Pedro 4:12).

Cuando ya creíamos contados los pasos para llegar a la meta, apareció una nueva barrera que tuvimos que saltar a toda velocidad, a riesgo a estropear la acometida del triunfo. El jueves 10 de septiembre, cuando fui al Departamento de Refugiados con el propósito de concertar la fecha de vuelo, la funcionaria que me atendió detectó errores en tres pasaportes: el de mi padre, con la fecha de nacimiento; el de Allem, con el primer nombre; y en el de Zoe, con el segundo apellido. Si no deseaba perder los pasajes para el día 29, debía resolver esta contingencia en una semana. Mi cabeza dio un vuelco tremendo: cuando salí de aquel lugar, no pensaba en otra cosa, que no fuera cómo resolver la situación.

Lo primero que ideé fue realizar un viaje rápido a Bayamo, y regresar a La Habana antes del plazo señalado. Sin embargo, esto era casi imposible. Encontrar pasaje de ida y vuelta en tan corto tiempo hubiese sido realmente milagroso, algo no concebible para un cubano que se mueve con dinero nacional y escaso, por demás. No obstante, si otras veces había triunfado por la fe, no me dejaría derrotar en esta oportunidad. Hice el intento por conseguir el pasaje para el sábado por ferrocarril, pero el que obtuve fue para el lunes. Entregado en oración, le pedí discernimiento a mi Señor y Él me lo dio: a mi mente vino el valerme del teléfono, para comunicarle a Zoe lo que acontecía y pedirle que fuera ella quien realizara los trámites pertinentes y me enviara los documentos con Lino, quien habría de viajar a la capital, ya listo para partir el domingo. Pero no tenía teléfono donde llamarla, pues en nuestro pueblo sólo hay uno público, cuya línea suele estar en pésimas condiciones: los diálogos son prácticamente inaudibles, en especial, cuando es muy larga la distancia. Entonces telefoneé a mi hermano Ramiro, quien sí tenía un aparato de estos en su casa, en Jiguaní. A él expliqué lo que ocurría y le pedí que a la mañana siguiente, o sea, el viernes, fuera a mi casa y le comunicara a Zoe lo que debía hacer.

Ramiro no esperó al otro día; esa misma noche, en cuanto concluimos nuestra conversación, llamó al teléfono público del pueblo, y pidió que, por favor, localizaran a Zoe. Lo primero que recibió fue una objeción; no había mensajero para realizar con rapidez esa diligencia. Gracias a Dios, allí se encontraba en ese momento nuestra hermana en Cristo Amelita, quien se encargó de avisar a mi esposa, con toda la urgencia que pudo. Ya, al tanto de lo que debía hacer el viernes temprano, Zoe se fue a realizar los trámites. En la oficina del registro civil de Santa Rita, donde estamos inscritos nosotros, le dijeron que los cambios en el nombre de Allem, y en la fecha de nacimiento de mi padre no tenían solución. En la oficina de inmigración de Bayamo le explicaron que si esos cambios eran producto de algún error en los papeles entregados por nosotros, no había problema, se podían arreglar. Sin embargo, si eran producto de otros papeles fuera de su alcance, no quedaría más remedio que sacar nuevamente esos pasaportes, lo cual importaría otros 100 dólares.

Con esa noticia, Zoe quedó algo aturdida. ¡Otros 100 dólares! Eso era demasiado para nosotros. Antes de regresar a casa, decidió ir a Jiguaní para conversar con Ramiro, tal vez a buscar apoyo. Pero allá encontró a nuestro hermano en Cristo también algo desestabilizado emocionalmente. Ahora sí nos habíamos atascado de mala manera. Para todos, esto era un caso sin solución inmediata. La abuela de Rina, la esposa de Ramiro, le dijo a Zoe que si nosotros lográbamos salir de la encrucijada a tiempo, entonces ella sí creería que Dios estaba de nuestra parte. Aun estando en ese hogar, se desató un aguacero torrencial, que parecía no concluiría nunca. Zoe andaba con Grecia, y tuvieron que salir rumbo a casa, aun bajo la lluvia. Ya era cerca de las ocho de la noche cuando llegaron a Santa Rita, donde debían tomar otro transporte para llegar al pueblo.

Mientras esperaban ese transporte que no llegaba, algo le decía a Zoe que fuera a visitar a una amiga suya, quien podía ayudarla por trabajar en el registro civil. Sin duda, era el Espíritu de Dios que acudía a nuestro auxilio, al escuchar nuestros ruegos. Después de titubear un poco, fue a conversar con esa señora que se encontraba de vacaciones, pero que accedió a brindarle ayuda. Le dijo que fuera al día siguiente, el sábado, cuando le haría el favor, a pesar que no laboraba esa jornada.

Le explicó, en ese momento, que lo del nombre de Allem era de fácil solución; sin embargo, lo de la fecha de nacimiento de mi padre era más difícil y que vería qué podía hacer. Ahí también supo Zoe que la joven que la había atendido por la mañana (nueva en ese puesto), no había sabido darle un servicio correcto. Por la tarde del sábado, en las manos de mi esposa ya estaban los documentos que resolverían el caso, y el domingo, cuando Lino voló para La Habana, los llevaba en su equipaje. Cuando llegó al aeropuerto, yo lo esperaba para recibirlo. El lunes por la mañana, antes de emprender el regreso a mi pueblo, los entregué en el Departamento de Refugiados. El error en el apellido de Zoe, fue arreglado cuando de regreso a Bayamo, fui a la oficina de emigración.

Cuando asistí a la primera entrevista con los funcionarios norteamericanos, en mayo, la dirección que di del familiar o amistad residente en aquel país, fue la de la señora Agustina Jordán, la abuela materna de Lino, quien reside en Los Ángeles, hace muchos años. Posteriormente, en julio, poco después de nuestro regreso a La Habana, luego de haber sido aprobados para establecernos en los Estados Unidos, nuestra iglesia fue visitada por Angélica, la misionera hermana pentecostal panameña, cuyo hogar está en Nueva York. Entre sus múltiples labores a favor de la causa de la fe, es dedicarse a cantar alabanzas al Señor en Radio Visión Cristina. Ella se interesó por nuestra situación y, al llegar de regreso a su ciudad, se comunicó telefónicamente con la señora Agustina, y la instó a representarnos, ante las autoridades estadounidenses. Por este motivo, cuando el 10 de septiembre fui al Departamento de Refugiados a concertar la fecha de nuestra partida, la funcionaria que me atendió me informó que nosotros estábamos designados para Los Ángeles.

Sin embargo, en ese momento, yo llevaba conmigo (y la presenté inmediatamente) el *Affidávit of Relationship* que a nuestro favor habían extendido al pastor Mauricio Martínez, y la oficina Don Bosco Center, la cual respaldaba jurídicamente nuestro patrocinio, por Kansas City. El pastor bautista Mauricio había tenido conocimiento de nuestro caso, a través de Ramiro y su familia, y había aceptado ser nuestro patrocinador. En una carta que me envió junto con el documento, me decía: "Amado hermano, yo sé que usted no me conoce; tal vez, sólo por los testimonios de los hermanos Ramiro y Rina Rodríguez, pero usted sabe que en Cristo somos uno y hermanos, y esto es lo que más cuenta. Cuando la hermana Rina me contó de su caso, no lo pensé dos veces, y le dije que no había problema en que yo le sirva de la mejor manera en este país, a usted y su familia. Para mí, es un privilegio ayudarles y, sobre todo, al ser de la familia de Dios".

También, entre otros detalles y orientaciones, me comunicaba que ya había establecido contacto con el pastor de la Iglesia

Pentecostal Getsemaní, de aquella ciudad, donde ya oraban por nosotros y donde seríamos recibidos luego de nuestro establecimiento allí.

En el momento de presentar el *affidávit*, la funcionaria me dijo que ya era un poco tarde, pero que, de todas formas, vería qué se podía hacer. Cuando regresé a mi pueblo a ultimar los detalles de la partida, no tenía certeza de hacia dónde iría a vivir con mi familia. No obstante, mi fe se mantuvo incólume, como nuestro Señor Jesucristo. Tenía la convicción de que Él no equivocaría el lugar adecuado para llevar a apacentar estas ovejas suyas.

En sus manos, estábamos, y para todo nos prepara su Palabra. Tal vez, por eso, por esa forma sutil de obrar de nuestro Dios, a los pocos días de haber volado hacia Los Ángeles, Lino telefoneó a su mamá, y le informó que se había resuelto mi residencia junto con mi familia hacia Kansas City. ¡Aleluya! Sentí gran alegría: nada tengo a favor o en contra de una u otra ciudad, no las conozco. Empero, la inmensa y desinteresada amabilidad del Reverendo Mauricio ganó nuestros corazones.

Lino partió rumbo a Los Ángeles el día 17, exactamente cinco años después de haber sido apresado por la causa cristiana. Ramiro y su familia viajarían en igual fecha que nosotros, y su destino es Missouri, donde reside una hermana de Rina. Y Jorge, a la hora en que concluí este libro, todavía no tenían fijado día de vuelo, pues aún debían esperar por la autorización del Ministro de Salud Pública, para la liberación de Cuqui, su esposa, del centro de trabajo.

Partimos de Cuba con el pensamiento puesto en la tierra que nos vio nacer y, en especial, en la iglesia que nos ayudó a crecer en Cristo. Confío en que la misión asignada por el Altísimo para mi familia y para mí, esté relacionada con la ayuda hacia nuestros hermanos que continúan en el terruño. En estos últimos tiempos, hemos tenido oportunidad de realizar actos de este tipo: cada vez que fuimos a La Habana a nuestros trámites migratorios, regresábamos con donaciones de iglesias y de hermanos de la capital, y logramos la inscripción de nuestra iglesia en el Ministerio Pan de Vida, de la Iglesia Metodista de Marianao. Tal vez nos corresponda seguir el ejemplo de José, hijo de Jacob, quien salvó a su pueblo del hambre desde tierras extranjeras que lo acogieron.

Empero, cualquiera que sea la voluntad de Dios para nosotros, no dejaremos de hacer nuestras las palabras de apóstol Pablo contenidas en los versículos 35 al 39 del capítulo 8 de su carta a los romanos:

¿Quién nos separará del amor de Cristo? ¿Tribulación o angustia, o persecución, o hambre, o desnudez, o peligro o espada? Como está escrito: por causa de ti somos muertos todo el tiempo; somos contados, como ovejas de matadero. Antes, en todas estas cosas somos más que vencedores por medio de aquel que nos amó.

Por lo cual estoy seguro de que ni la muerte, ni la vida, ni ángeles, ni principados, ni potestades, ni lo presente, ni lo porvenir, ni lo alto, ni lo profundo, ni ninguna otra cosa creada nos podrá separar del amor de Dios, que es en Cristo Jesús Señor nuestro.

Charco Redondo, Cuba, abril-septiembre de 1998.

Nota

Ha transcurrido casi una década desde mi llegada a los Estados Unidos de Norteamérica, país donde el Señor me trajo para mostrarme la fabulosa manera en que Él puede obrar a través de sus siervos. Mientras los años de persecución y cárcel en Cuba son el recuerdo de una prueba necesaria, de continuo veo puertas de bendición abrirse.

En 2002, después de un tiempo de congregarme con mi familia en una iglesia hispana, sentí el llamado de comenzar a pastorear un rebaño de creyentes latinoamericanos radicados en Kansas City, Missouri. Así surgió "Jesucristo El Buen Pastor", organización cristiana independiente que se perfila por la labor misionera.

Ubicado en 4128 Saint John Ave., KC, MO 64123, nuestro templo es un edificio propio, adquirido y remodelado con la participación de la membresía, con capacidad para unas 250 personas. La lista de bautizados sobrepasa el centenar, aunque nos reunimos en número mayor dado el crecimiento que experimentamos.

Junto con el continuo trabajo evangelizador en la ciudad, hemos abierto misiones en Veracruz, México, y existen proyectos de crear otras en estados diferentes de esa nación. También apoyamos a un grupo de la Iglesia Asambleas de Dios en Cuba, cuya actividad se desarrolla en la Sierra Maestra, en el oriente de la isla.

"Jesucristo El Buen Pastor" es, asimismo, un ministerio que se sustenta con los diezmos y ofrendas de quienes lo integramos, además de los aportes de personas movidas por la mano de Dios que comprenden la trascendencia de las palabras de nuestro Señor cuando dijo: "Id por todo el mundo y predicad el Evangelio a toda criatura" (San Marcos 16:15). Si usted es una de ellas y desea colaborar con nosotros, puede contactarnos en la dirección antes escrita, por el correo electrónico **leonardo.jesus@ sbcglobal.net**, o por el teléfono (816) 231-8105.

Como mismo mi familia en Cristo crece día a día en la tierra que visualicé desde la celda, aumenta mi descendencia. En 2005, nació David Isaac, el cuarto de mis hijos, quien forma parte de mi anhelo en Dios de incrementar la prole. Los tres mayores son jóvenes integrados a la sociedad norteamericana, seguidores de la fe que nos alimenta como cristianos. Pronto cumpliré con mi esposa, Zoe, 25 años de matrimonio.

La experiencia de este tiempo no se puede encerrar en tan breve discurso, pues más que nada ha sido de ascenso espiritual signado por batallas que no terminan, pero con la victoria asegurada en Jesucristo. El Espíritu Santo habla a mi corazón y me revela un mañana mejor que el hoy, donde mi entrega al Señor será mayor y más genuina.

Como el apóstol Pablo digo: "Con Cristo estoy juntamente crucificado, y ya no vivo yo, mas vive Cristo en mí; y lo que ahora vivo en la carne, lo vivo en la fe del Hijo de Dios, el cual me amó y se entregó a sí mismo por mí" (Gálatas 2:20).

El día de nuestra llegada a Kansas City en la casa del pastor Mauricio Martínez, quien nos recibió y brindó gran apoyo.

A nuestra llegada en el aeropuerto de Kansas City.

Realizando un bautizo

El pastor Leonardo con algunos miembros de la misión
de la Iglesia Jesucristo El Buen Pastor, en la localidad
rural de San Senobio (El Bolsón), Veracruz, México.

La pastora Evangelina Cruz es la obrera líder de la
misión "Jesucristo El Buen Pastor" en Veracruz.

La familia Cabrera

La boda de los pastores Cabrera, ya llevan 25 años de casados.

Parte de la congregación de la Iglesia Jesucristo El Buen Pastor, conformada por cristianos de unas cinco naciones latinoamericanas.

Los cuatro de las Causa 4/94 con sus respectivas
esposas, en una de las acostumbradas reuniones
familiares luego de vivir en los Estados Unidos. De
izquierda a derecha: Lino y Onelia, Jorge, Ramiro y
Rina, Leonardo y Zoe, el niño es Jonatán, hijo del
pastor Mauricio Martínez.